朱子語類彙校

捌

[宋]黃士毅 編

徐時儀 楊艷 彙校

目録

卷一

［一］今此只是　成化本爲「今只」。

［二］有理　成化本爲「有此理」。

［三］這　成化本作「此」。

［四］若無理　成化本爲「若無此理」。

［五］公瑾　成化本爲「方子」。

［六］若不會生　成化本爲「若不生」。

［七］謂　成化本作「是」。

［八］成化本此下有「義剛録同」。

［九］又非别爲一物　成化本爲「然理又非别爲一物」。

［一〇］淳　成化本下有「天地」。

［一一］仁　成化本、萬曆本、劉潛補修本及日本寬文八年本皆作「人」。按，六書故「仁」字條曰：「先人曰：『吾聞諸尤叔晦，古文有因而重之以見義者。因子而二之爲孫（⿰子二）是也，因大而二之爲夫（⿰大二）是也，因人而二之爲仁（⿰人二）是也。』孔子曰：『仁者，人也。人其人之謂仁（⿰人二）。』」又段玉裁説文解字注釋「人」曰：「天地之心謂之人，能與天地合德；果實之心亦謂之人，能復生艸木而成果實。皆至微而具全體也。『果人』之字，自宋元以前本草、方書、詩歌、紀載無不作『人』字，白明。仁者，人之德也。不可謂人曰仁，其

可謂果人曰果仁哉？金泰和間所刊本草皆作『人』，藏袁廷檮所。」「仁」與「人」同源。

〔一二〕夔孫　成化本下有「義剛同」。

〔一三〕桃樹上發李　成化本爲「桃樹上發李花」。

〔一四〕他心又却自定　成化本爲「他又却自定」。

〔一五〕所謂　成化本無。

〔一六〕定是必生出非常之人　成化本爲「定是生出非常之人」。

〔一七〕相　成化本作「桓」而缺末筆，避宋欽宗趙桓諱。

〔一八〕太　成化本作「秦」。據語意當作「秦」。疑因「秦」與「泰」形近而誤認作「泰」，又轉而寫作「太」。

〔一九〕今　成化本作「箇」。

〔二〇〕此條下至本卷末，成化本編排次序不同。

〔二一〕濁　成化本作「濁」。據語意當從成化本作「濁」。

〔二二〕精　成化本作「清」。據語意當從成化本作「清」。

〔二三〕芳子　成化本爲「方子」。

〔二四〕此條義剛録成化本無，僅於卷四十五陳淳録後附注曰：「義剛同。」

〔二五〕此條閎祖録成化本無，僅於卷九十四附於無名氏録中。

〔二六〕此條廣録成化本載於卷一百。

〔二七〕只　成化本作「又」。

〔二八〕方子　成化本作「振」。

［二九］胛　成化本作「脾」。按，桂馥札樸卷七「胛」條曰：「通鑑：『骨利幹于鐵勒諸部爲最遠，晝長夜短，日没後天色正曛，煮羊脾適熟，日已復出矣。』馥案，史載云：『海東有國曰骨利幹，地近扶桑國，人初夜煮羊胛，方熟而日已出。』歐陽永叔謝人寄牡丹詩：『邇來不覺三十載，歲月纔如熟羊胛。』用以爲韻。通鑑『脾』譌字也。」以歐陽修用韻爲據，當時以爲「羊胛」爲易熟之物當不誤，可推同時代朱熹此處所言亦爲「羊胛」。疑後世通鑑版本因「胛」、「脾」形近而訛作「脾」，成化本沿其所誤。

［三〇］淳　成化本爲「義剛」。

［三一］道夫　成化本下有「氣」。

［三二］其氣只管出盡便死　成化本爲「其氣只管出出盡便死」。

［三三］天木曰曲直　張載集正蒙爲「木曰曲直」，「天」似爲衍字。

［三四］若　張載集正蒙爲「者」。

［三五］按正蒙説五行惟一條……物兼體而不遺者也　成化本作「節」。

［三六］此條僩録成化本以胡泳同聞所録替之，并加注曰：「胡泳。僩同。」

［三七］此條閎祖録成化本無。

［三八］此條銖録成化本無。

［三九］是土　成化本無此二字。

［四〇］輳　成化本作「湊」。

［四一］曆象　成化本爲「曆家」。

［四二］方子　成化本下有「高同」。

〔四三〕此條淵録成化本無。
〔四四〕道夫　成化本爲「坎離道夫」。
〔四五〕此條道夫録成化本無。
〔四六〕利　成化本作「相」。據語意及他録，似當從成化本作「相」。
〔四七〕春秋　成化本爲「春夏」。據語意當從成化本爲「春夏」。
〔四八〕可學　成化本下有「四時」。

卷二

［一］轉　張載集正蒙作「運」。

［二］繫　張載集正蒙作「包」。

［三］其　張載集正蒙作「爾」，屬上句。

［四］急　張載集正蒙作「速」。

［五］之　張載集正蒙無。

［六］而已　張載集正蒙爲「可知」。

［七］此　張載集正蒙作「比」。

［八］一　張載集正蒙無。

［九］按正蒙……有歲之象也　成化本爲「參兩篇」，自「按正蒙」至「有歲之象也」皆無。

［一〇］恐　成化本作「處」。

［一一］下學工夫　成化本爲「做下學工夫」。

［一二］平涉　成化本爲「干涉」。考日本農村中堅人物之養成施設及其檢討一文曰：「實際上關於農村中堅人物養成施設之經營，及其修練方針，政府及地方官廳概不平涉。」（一九三六年日本留東學報）「平涉」似爲域外漢學者抄寫時誤改。

［一三］此下成化本有「五峰辨疑孟之説，周遮全不分曉。若是恁地分疏孟子，剗地沉淪，不能得出世。」

［一四］此條道夫録成化本無。

［一五］王子通　成化本爲「季通」。

［一六］當　成化本作「嘗」。

［一七］某　成化本爲「其中」。

［一八］成化本此下有「泳」。

［一九］韓　成化本作「晉」。

［二〇］董叔重　成化本爲「叔重」。

［二一］胡叔器　成化本爲「叔器」。

［二二］横過　成化本無。

［二三］下　成化本作「十」。

［二四］將　成化本作「時」。

［二五］此條人傑録成化本無。

［二六］此條泳録成化本無。

［二七］成化本此下有「寓」。

［二八］此條德明録成化本無。

［二九］先生曰……不是如此　此十六字成化本無。

［三〇］員　成化本作「圓」。

［三一］堯舜　成化本作「堯」。

〔三二〕用　禮記集解作「周」。

〔三三〕此條泳録成化本無。

〔三四〕此條方子録成化本無。

〔三五〕今若　底本中此二字爲小字。

〔三六〕嘗　成化本作「常」。

〔三七〕舊時　成化本爲「舊時處」。

〔三八〕者　成化本作「著」。

〔三九〕在　成化本作「到」。

〔四〇〕月　成化本作「日」。

〔四一〕岃　成化本作「會」。

〔四二〕餘　成化本作「閏」。

〔四三〕歲　成化本下有「閏」。

〔四四〕三百五　成化本爲「三百七十五」。

〔四五〕仍取其書……其自信亦不輕　此二十九字，成化本無。

〔四六〕淳　成化本無。

〔四七〕一　成化本作「二」。

〔四八〕一日夜　成化本爲「一日一夜」。

〔四九〕進數　底本爲小字。成化本爲大字。

〔五〇〕云云　成化本爲大字。

〔五一〕太元經　即太玄經，附會趙氏始祖名玄朗而避「玄」字之諱。下同。

〔五二〕據晉范望注太玄經曰：「渾，渾天之儀渾淪而行也。無窮，謂晝夜不休，無窮已也。玄，正取象於渾天，故言正象天也。」

〔五三〕黄本云　成化本爲「義剛録云」。

〔五四〕上　成化本作「在」。

〔五五〕淳義剛録同　成化本爲「義剛」。

〔五六〕外在　成化本爲「在外」。

〔五七〕成化本下有「個」。

〔五八〕按横渠此條見正蒙　成化本無。

〔五九〕尚書　成化本無。

〔六〇〕尚書正義　據下文内容，乃出自魏了翁所著尚書要義。成化本無。

〔六一〕宿　底本有兩個「宿」字，前一「宿」字有改動痕跡，其右上角有一圓圈，疑此符號爲修改符，标識此爲衍文。

〔六二〕得　成化本作「行」。

〔六三〕面　成化本作「向」。

〔六四〕摧　成化本作「催」。

〔六五〕恐　成化本作「若」。

〔六六〕此條可學録成化本無。
〔六七〕陽　王本作「少陽」。
〔六八〕漸益光　成化本爲「漸亦光」。
〔六九〕食　成化本作「蝕」。
〔七〇〕此條閎祖録成化本無。
〔七一〕長　成化本作「短」。
〔七二〕短　成化本作「長」。
〔七三〕昳　底本作「眛」，右下角有一圓圈（修改符），右上角有一小字作「昳」。
〔七四〕東北　成化本爲「東北流」。
〔七五〕黑　成化本作「矣」。
〔七六〕否　成化本作「不」。
〔七七〕升　底本作「外」，右上角有兩點（疑亦爲修改符），右下角有一小字作「升」。
〔七八〕晝夜長短　成化本爲「晝夜之長短」。
〔七九〕準　河南程氏遺書作「中」。
〔八〇〕始初　成化本爲「如初」。河南程氏遺書亦爲「如初」。
〔八一〕尽長　成化本作「尺」。以下句「表影恰長一尺五寸」視之，疑當爲「尽長」。
〔八二〕煙霧　成化本爲「煙霞」。
〔八三〕如移山動　成化本爲「山如移動」。

〔八四〕幾　成化本作「有」。

〔八五〕因説雷曰　成化本作「雷」。

〔八六〕尚　成化本作「亦」。

〔八七〕不及則益　成化本下有「所以多差」。

〔八八〕紐算　各本同。但佩文韻府引稗編爲「紐等」。考「紐算」爲宋代新詞，指核算。疑「紐」指鐘紐，又名旋蟲，周禮考工記：「鍾縣謂之旋，旋蟲謂之幹。」鄭玄引鄭司農注曰：「旋蟲者，旋以蟲爲飾也。」「紐等」乃「紐算」之誤。

〔八九〕曆象　成化本爲「虚寬」。據宋鮑雲龍天原發微卦氣：「朱子曰：『善爲曆者，要必立虚寬之大數以包之。』斯言是已。」

〔九〇〕九百四十分日　成化本作「六百四十分日」。據義剛録：「月麗天而尤遲，一日常不及天十三度十九分度之七。積二十九日九百四十分日之四百九十九而與日會。」似當作「九百四十分日」。

〔九一〕理會　成化本下有「得」。

〔九二〕自初　成化本爲「初自」。

〔九三〕小大　成化本爲「大小」。

〔九四〕道夫　成化本下有「數」。

〔九五〕天儀　底本「天儀」前有一字空格。成化本爲「渾儀」。

〔九六〕道理　成化本爲「道里」。「理」与「里」通，據王念孫讀書雜志釋荀子王制之「理道之遠近而致貢」曰：「小雅信南山傳曰：『理，分地里也。』謂貢以遠近分也。」故「地理志」又常作「地里志」，如唐書地里志。而後世以「理」、「里」有別而反稱古書有誤。如阮元校毛詩正義小旻之「是用不得於道里」曰：「毛本『里』誤『理』，閩本、監本不誤。」又段玉裁古文尚書撰異虞夏書引廣雅釋水：「灈，理也。」曰：「此當是『廛，里也』之誤。」

［九七］島夷諸國　成化本爲「有島夷諸國」。

［九八］地刑　成化本爲「地形」。漢隸分韻曰：「刑、形、邢，漢楊震碑陰碑多互用。」明宋婁機漢隸字源及清黄生義府亦證其此説。敦煌文獻中亦有「形」寫作「刑」，如頁二一六〇摩訶摩耶經卷上：「刑貌端正，諸相具足。」（見黄征敦煌俗字典「形」字條）

［九九］蓋　成化本作「盡」。王星賢據成化本而以「盡」屬上句，爲「地形方盡」。疑當作「蓋」。問者以爲南北與東西之道里長短相差懸殊，而不明「周公定豫州爲天地之中，東西南北各五千里」之由。朱熹認爲「周公定豫州爲天地之中」乃就「中國地段四方相去言之」，指出南北道里長短與地形方相爲因果。首先，南邊海外島夷諸國及海底亦有地形相連，直至「海無底處」，故南北與東西際天遠近相同；其次地形方，故周公以土圭所測南北、東西際天遠近，而定豫州爲天地之中。

［一〇〇］否　成化本作「見」。據僴録另一節（成化本卷八十六、底本卷二）曰：「佛經所説阿耨山，即崑崙也，云山頂有阿耨大池，池水分流四面去，爲四大水，入中國者爲黄河，入東海；其三面各入南、西、北海，如弱水、黑水之類。」知此部分夾注乃僴再見朱熹時所録内容。

［一〇一］崑崙取中國五萬里　各本同。此説本自山海經海内經「崑崙去中國五萬里，天帝之下都也」。又僴録另一節曰：「水經云崑崙取嵩高五萬里。」（成化本卷八十六、底本卷二）

［一〇二］三　成化本作「二」。據僴録另一節「其三面各入南、西、北海，如弱水、黑水之類」，當作「三」。

［一〇三］其於北海不甚闊　成化本爲「其勢北海不甚闊」。似當爲「其於北海不甚闊」，進一步説明「北海只挨著天殼邊過」，即北邊距北海不甚遠也。

［一〇四］緌　成化本作「纔」。

［一〇五］燈光　成化本爲「燈花」。

［一〇六］此條成化本下有「僩。地理」。

［一〇七］梅月　成化本爲「暑月」。梅月即農曆四五月間，時植梅雨季節，雨多而蒸濕。埤雅釋木曰：「今江、湘、二浙，四五月之間，梅欲黄落，則水潤土溽，礎壁皆汗，蒸鬱成雨，其霏如霧，謂之梅雨。」而「暑月」乃夏月，如慧琳一切經音義釋「虵衛旃檀」曰：「暑月炎熱之時，其虵多在樹上以避熱。」又，下文所引月令「是月也，土潤溽暑」之句所指爲季夏之月，即農曆六月間，疑成化本據此而改爲「暑月」。然南北梅月與暑月時間或相重合，如明童冀北遊集暑雨即事感懷曰：「江南五月黄梅雨，溽熏蒸無燥土。燕山道上走黄塵，不識南中霖潦苦。今年燕山暑雨多，六月日日聞滂沱。……我生炎方困溽濕，不知朔土猶蒸鬱。朔南由來地勢偏，氣候一月相後先。我願天公憐遠客，白頭早遂歸鄉約。祇今溽暑行已過，歲晚苦寒其奈何。」

［一〇八］據禮記月令曰：「（孟春之月）是月也，天氣下降，地氣上騰，天地和同，草木萌動。」又曰：「（季夏之月）是月也，土潤溽暑。」又下文「春夏間天轉稍慢」，朱熹所言或弟子所記有誤。

［一〇九］嵩少　成化本爲「嵩山」。「嵩少」乃嵩山與少室山的並稱，亦爲嵩山別稱。

［一一〇］指某人　成化本爲「指某水」。似成化本因其後曰「此水将有入淮之勢」而改「人」爲「水」。「指某人」意指告示某人。如宋陸游醉中懷眉山舊遊詩曰：「遥知樽前人，指我題詩處。」元雲阜山申仙翁

傳曰：「適遇一老叟稱日田山叟，指我來此可以逃難。」

〔一一一〕也如此　成化本爲「已自如此」。

〔一一二〕當　成化本爲「當時」。

〔一一三〕成化本此下有「力行」。

〔一一四〕成化本此下有「或録云：『因看劉樞家中原圖，黄河却自西南貫梁山泊，迤邐入淮來。祖宗時，河北流，故虜人盛；今却南來，故其勢亦衰。』」其中「祖宗時」，王星賢改爲「神宗時」，據此前所言「元豐間」，正神宗年號。

〔一一五〕扞　成化本作「扜」。

〔一一六〕三關　成化本無。

〔一一七〕山脊　成化本作「脊」。

〔一一八〕此條僩録成化本無。

〔一一九〕磽　成化本作「墝」。

〔一二〇〕侈太　成化本爲「侈泰」。

〔一二一〕德　成化本作「德明」。

卷三

〔一〕按以下並在天鬼神　成化本爲「義剛聞同别出」。

〔二〕道夫問祭義云　成化本作「問」。

〔三〕耳　成化本作「且」。

〔四〕首　成化本作「自」。

〔五〕道　成化本作「説」。

〔六〕察　成化本爲「祭祀」。據黄征敦煌俗字典引S．388正名要録：「詧：審。」「察」似與「祭」形近而誤。

〔七〕鬼神屈神也　成化本爲「神伸也鬼屈也」。

〔八〕僴　成化本無。

〔九〕示　成化本作「視」。據説文：「示，天垂象，見吉凶，所以示人也。……示，神事也。凡示之屬皆從示。」朱熹以「示」構字原理釋「示」之義，所論似與「視」無關。

〔一〇〕舉子易義　據成化本卷一百三十九：「何燕泉引宋人易義『一而大謂之天，二而小爲之地，一大、二小，天字、示字也，天曰神，地曰示。』此易義乃姚孝甯所作，朱子亦嘗稱之。」又明楊慎譚苑醍醐曰：「劉棠舜不窮其民論好，歐公甚喜之。其後姚孝寧易義亦好。」

〔一一〕廣　成化本下有「神化篇」。

［一二］便　成化本作「使」。

［一三］陳云胡問鬼神界分。　成化本無。

［一四］此五字……淳同　成化本爲「義剛」。

［一五］胡　成化本無。

［一六］義剛　成化本下有「淳同」。

［一七］㽦　成化本無。

［一八］功用只是論發見者……妙處即是神　成化本爲「鬼神只是往來屈伸功用只是論發見者所謂神也者妙萬物而爲言妙處即是神其發見而見於功用者謂之鬼神至於不測者則謂之神如鬼神者造化之迹鬼神者二氣之良能二説皆妙所謂造化之迹者就人言之亦造化之迹也其生也氣日至而滋息物生既盈氣日反而游散便是鬼神所謂二氣良能者」。

［一九］只是總陰陽説　成化本爲「鬼神只是以陰陽言」。

［二〇］若分别之　成化本爲「又分言之」。

［二一］又問……曰是　成化本無。

［二二］義　成化本作「氣」。

［二三］成化本此下有「其氣便聚」。

［二四］來　成化本作「求」。

［二五］曰　成化本下有「其氣亦自在」。

［二六］成化本下有「纔致精神以求之，便來格」。

〔二七〕此　成化本爲「在此」。

〔二八〕成化本下有「徐元震問中庸『體物而不可遺』。曰」。

〔二九〕然　成化本作「體之」。

〔三〇〕成化本下有「故太極圖言『大哉易乎』，只以陰陽剛柔仁義，及言『原始反終，故知死生之説』而止。人之生死，亦只是陰陽二氣屈伸往來耳」。

〔三一〕功用之謂鬼神妙用謂之神　成化本無。

〔三二〕胡叔器　成化本爲「叔器」。

〔三三〕又如晝便是神　成化本爲「又如晝夜晝便是神」。

〔三四〕夜便是鬼　成化本下有小注曰：「淳録云『所以鬼夜出』。」小注後又有「以人言之，語爲神，默爲鬼；動爲神，静爲鬼」。

〔三五〕竦動處　成化本下有小注曰：「淳録作『閃處』。」

〔三六〕是也　成化本下有小注曰：「淳録云：問：『鬼夜出如何？』曰：『間有然者，亦不能皆然。夜屬陰，妖鳥陰類，亦多夜鳴。』」

〔三七〕曰　成化本下有小注曰：「淳録云：『此不可以魂魄論。』」

〔三八〕陳本無「易言」以下二十一字，止云：「此不可以魂魄論」　成化本無。

〔三九〕燒得出來便是魄　成化本爲「燒得出來底汁子便是魄」。

〔四〇〕陳本止云漿便是魄煙便是魂　成化本爲「淳録云漿便是魄煙便是魂」。

〔四一〕陳安卿曰　成化本爲「安卿問」。

[四二] 據宋鮑雲龍天原發微卷十七曰：「春夏是神，秋冬是鬼。晝是神，夜是鬼。午前是神，午後是鬼。息是神，消是鬼。生是神，死是鬼。鼻息呼是神，吸是鬼。語是神，默是鬼。伸是神，屈是鬼。」「點是鬼」之「點」似爲「默」之誤。

[四三] 按陳淳録大同……亦多夜鳴　成化本爲「淳録同」。其中「閃」，成化本卷六十八爲「踈動」。

[四四] 爲　成化本作「謂」。

[四五] 曰　成化本作「問」。

[四六] 程説　成化本爲「程子」。

[四七] 曰　成化本作「問」。

[四八] 析木　成化本爲「如析木」。

[四九] 氣　成化本作「神」。

[五〇] 定　成化本作「足」。

[五一] 性不定　成化本爲「好戲不定疊」。

[五二] 魄氣　成化本爲「精魄」。

[五三] 了　成化本作「否」。

[五四] 此條淳録成化本分載兩處：自「問南軒」至「亦是魄不足」載於卷六十三；自「又曰夫子答宰我」至「曰是」載於卷八十七。

[五五] 或問鬼神答曰　成化本無。

[五六] 鬼神只是消長　成化本爲「升卿」。

［五七］論鬼神　成化本無。
［五八］考張九成群書考索：「至則皆至，不至則皆不至。」
［五九］則氣散而其魄降矣　成化本爲「則氣散而死其魄降矣」。
［六〇］嘆　成化本作「嘯」。
［六一］考韓愈原鬼：「有嘯于梁，從而燭之，無見也，斯鬼乎？曰：非也，鬼無聲。有立於堂，從而視之，無見也，斯鬼乎？曰：非也，鬼無形。有觸吾躬，從而執之，無得也，斯鬼乎？曰：非也，鬼無聲與形，安有氣？」
［六二］成化本下有「兼論精神魂魄」。
［六三］今日不合僭言及此亦欲一言是正　成化本無。
［六四］力行　成化本無。
［六五］有　成化本作「又」。
［六六］此條明作録成化本無。
［六七］問其氣發揚於上爲昭明焄蒿悽愴先生曰　成化本無。
［六八］廩　成化本作「凜」。
［六九］魂　成化本爲「招魂」。
［七〇］問　成化本爲「安卿問」。
［七一］安　成化本爲「安於」。
［七二］淳　按黄義剛録同　成化本爲「義剛」。

〔七三〕形　成化本作「刑」。

〔七四〕陳才卿問鬼神云　成化本爲「才卿問」。

〔七五〕呼吸　成化本爲「噓吸」。

〔七六〕正　成化本爲「正如」。

〔七七〕居　成化本作「之」。

〔七八〕忘處　成化本作「忘」。「處」似衍。

〔七九〕重　成化本作「垂」。

〔八〇〕當　成化本作「常」。

〔八一〕人　成化本無。

〔八二〕死而　成化本無。

〔八三〕僩　成化本下有小注曰：「淳録云：『問：「『其氣發揚於上』何謂也？」曰：「人氣本騰上，這下面盡，則只管騰上去。如火之煙，這下面薪盡，則煙只管騰上去。」淳云：「終久必消了。」曰：「然。」』」

〔八四〕賀孫　成化本無。

〔八五〕貫　底本爲「头」。據宋元以來俗字譜「貫」字條，古今雜劇作「头」。又「實」多作「实」。考黄征敦煌俗字典「實」字條作「[illegible]」、「[illegible]」，篆隸萬象名義釋「寔」作「實」，而宋元以來俗字譜「寔」又作「[illegible]」、「[illegible]」之形。「貫」作「头」似緣於「實」俗寫作「实」。日本俗寫作「実」。

〔八六〕中諸司　成化本爲「申諸司」。

〔八七〕有理而後有氣雖是一時都有必竟以理爲主　成化本閎祖録爲大字。

〔八八〕按本別本注此　成化本無。

〔八九〕氣之濁者爲質　成化本爲「氣濁者爲質」。

〔九〇〕李本無「也」字，有「故曰」二字　成化本無。

〔九一〕李無然者二字作恁地處　成化本無。

〔九二〕雖　成化本無。

〔九三〕李無雖字　成化本無。

〔九四〕知　成化本作「如」。

〔九五〕李本此下有云……四字　成化本無。

〔九六〕李本无之字有伯有字　成化本無。

〔九七〕人言古之戰場……李本却无　成化本無。

〔九八〕曰　成化本下有「皆是也」。

〔九九〕如　成化本下有「空中忽然有」。

〔一〇〇〕李本曰……則以爲怪　成化本無。

〔一〇一〕非　成化本爲「亦非」。

〔一〇二〕李作以必　成化本無。

〔一〇三〕舉以　成化本爲「舉似」。

〔一〇四〕成化本此下有「閎祖」。

〔一〇五〕學者以下八字李作非學者所當先也　成化本無。

[一〇六] 又按林錫録一條與此微有許略今並附於下　成化本爲「賜録」。

[一〇七] 是　成化本作「拒」。

[一〇八] 微　成化本作「做」。

[一〇九] 則　成化本作「而」。

[一一〇] 可　成化本作「有」。

[一一一] 世　成化本作「中」。

[一一二] 世間之見鬼神者極多　成化本爲「世間人見者極多」。

[一一三] 雨　成化本作「兩」。

[一一四] 足　成化本作「之」。

[一一五] 亦　成化本作「爲」。

[一一六] 如雷電風雨　成化本爲「則庭前樹木數日春風便開花此豈非造化之跡又如雷霆風雨」。

[一一七] 之　成化本作「知」。

[一一八] 此之　成化本爲「世人」。

[一一九] 間　成化本作「開」。

[一二〇] 天　成化本作「大」。

[一二一] 又曰先知生方知死先後之序　成化本無。又成化本有小注曰：「明作録云：『如起風做雨，震雷閃電，花生花結，非有神而何！自不察耳。纔見説鬼事，便以爲怪。世間自有個道理如此，不可謂無，特非造化之正耳。此爲得陰陽不正之氣，不須驚惑。所以夫子不語怪，以其明有此事，特不語耳。南軒説

無，便不是。』餘同。」

〔一二二〕此條人傑録成化本無。

〔一二三〕有　成化本作「是」。

〔一二四〕此條成化本無。

〔一二五〕云云　成化本無。

〔一二六〕倜　成化本下有小注曰：「饒録云：『若以對待言，一半是氣，一半是精。』」

〔一二七〕將　成化本作「得」。

〔一二八〕都　成化本作「却」。

〔一二九〕討度　王本爲「討度」。

〔一三〇〕又曰　成化本無。

〔一三一〕魂　成化本無。

〔一三二〕成化本下有「非死生之常理也」，並附小注曰：「人傑録略。」

〔一三三〕曰　成化本作「問」。

〔一三四〕按黄義剛録同　成化本無。

〔一三五〕借　王本作「供」。

〔一三六〕體幹是主宰　成化本下有小注曰：「按，『體物』是與物爲體，『幹事』是與事爲幹，皆倒文。」

〔一三七〕以下並祭祀祖考　成化本無。

〔一三八〕成化本下有「倜」。

〔一三九〕流轉　成化本爲「流傳」。

〔一四〇〕處謙　成化本爲「壯祖」。

〔一四一〕溟　成化本作「冥」。

〔一四二〕祖道　成化本下有「以下論祭祀祖考、神示」。

〔一四三〕這　成化本作「之」。

〔一四四〕這　王本作「只」。

〔一四五〕事　成化本無。

〔一四六〕是又感無　成化本爲「是以有感無」。

〔一四七〕是　成化本下有「有」。

〔一四八〕鬼者屈也……屈伸往來之謂也　成化本無。

〔一四九〕蓋盈者……某常讀禮記祭義　成化本爲「祭義」。

〔一五〇〕鬼也者魄之盛也　成化本爲「魄也者鬼之盛也」。據禮記祭義：「氣也者，神之盛也；魄也者，鬼之盛也。」此語乃周謨化禮記祭義之語而用，故反其文而曰「神也者，氣之盛也；鬼也者，魄之盛也」。

〔一五一〕魄　成化本作「鬼」。

〔一五二〕昭明　成化本爲「昭明者哉」。

〔一五三〕又似有物矣　成化本無。

〔一五四〕禮運祭祀　成化本爲「禮運論祭祀」。

〔一五五〕何也　成化本無。

〔一五六〕答　成化本無。
〔一五七〕因　成化本無。
〔一五八〕厚　成化本作「後」。
〔一五九〕鬼神中有謂　成化本無。
〔一六〇〕淳　成化本作「享」。
〔一六一〕他這説　成化本作「這」。
〔一六二〕道　成化本作「若」。
〔一六三〕鬼神是個有個物事　成化本爲「鬼神是本有底物事」。考宋代「个」相當於結構助詞「底」，「个」又與「本」形近，似本當爲「鬼神是本有個物事」。
〔一六四〕在　成化本爲「在此」。
〔一六五〕陳本無此二字　成化本無。
〔一六六〕他　成化本作「地」。
〔一六七〕總繞　成化本爲「總統」。
〔一六八〕自我主止陳本皆無　成化本無。
〔一六九〕按陳淳録同而略　成化本爲「淳同」。
〔一七〇〕小波　成化本爲「水波」。此條下同。
〔一七一〕底　成化本作「武」。考詩經大雅下武：「下武維周，世有哲王。三后在天，王配於京。」
〔一七二〕予仁若考……罔不祗畏　成化本無。

〔一七三〕晉侯　即「衛成公」，王本據左傳改爲「衛成公」。

〔一七四〕晉　王本據左傳改爲「衛」。

〔一七五〕些　成化本下有「池作『此』」。

〔一七六〕抑　成化本作「物」。

〔一七七〕定　成化本作「從」。

〔一七八〕按　成化本無。

〔一七九〕厲　成化本作「屬」。

〔一八〇〕若祖考精神否　成化本爲「若祖考精神則畢竟是自家精神否」。

〔一八一〕不是　成化本爲「不成是」。

〔一八二〕淳　成化本爲「義剛」。

〔一八三〕或問　成化本爲「中庸或問」。

〔一八四〕聚　成化本作「衆」。

〔一八五〕誠有此理　成化本無。

〔一八六〕旺　成化本作「暖」。

〔一八七〕虛　成化本作「靈」。

〔一八八〕因泛言　成化本爲「廣因言」。

〔一八九〕處謙　成化本爲「壯祖」。

〔一九〇〕舉似　成化本爲「舉以」。

［一九一］父祖　成化本爲「祖先」。

［一九二］想　成化本下有小注曰：「饒本作『祭』。」

［一九三］其　成化本作「有」。

［一九四］南康　成化本無。

［一九五］祭之　成化本無。

［一九六］個人　成化本爲「商人」。

［一九七］是　成化本作「與」。

［一九八］成化本下有小注曰：「夔孫録云：『大抵天人無間。如云聖人之道，洋洋乎發育萬物，峻極于天。聖人能全體得，所以參天地、贊化育，只是有此理。以粗底言，如荀子』云云。」

［一九九］成化本此下有小注曰：「夔孫録云：『聞唱虞美人詞則自拍。亦不特是虞美人詞，凡吴調者皆然。以手近之，亦能如此。』」

［二〇〇］草木　成化本爲「雖草木」。

［二〇一］人　成化本作「個」。

［二〇二］成化本此下有「賜。夔孫少異」。

［二〇三］處謙　成化本爲「壯祖」。

［二〇四］或謂之張太保或謂之李太保　成化本爲「謂之『張太保』『李太保』」。

［二〇五］自修　成化本下有「賀孫同」。

［二〇六］其地　成化本無。

〔二〇七〕不着　考正字通曰：「玄酒，明水也。……郊特牲祭齊加明水報陰也。其謂之明水由主人之潔著此水也。」「不着」指不潔，與前文所稱「有灰」可相印證。

〔二〇八〕真宗　成化本爲「徽宗」。

〔二〇九〕數　成化本爲「殺數」。

〔二一〇〕則　成化本作「又」。

〔二一一〕仰山　成化本無。

〔二一二〕老　成化本作「僧」。

〔二一三〕言　成化本作「説」。

〔二一四〕按陳淳録同而略　成化本爲「淳同」。

〔二一五〕陳本自不知以下無但云亦有人　成化本無。

〔二一六〕陳本無此二字　成化本無。

〔二一七〕按此條與陳淳録同而略　成化本無。

〔二一八〕成化本下有小注曰：「方録云：『老子云：「以道治世，則其鬼不神。」此有理。行正當事人，自不作怪。棄常則妖興。』」

卷四

〔一〕此條成化本無。
〔二〕物則無也 成化本下有小注曰：「當時所記，改『人之』『之』字爲『性』字，姑兩存之。」
〔三〕得 成化本作「猶」。
〔四〕趍 成化本作「趨」。
〔五〕郁時 成化本爲「都暗」。
〔六〕士毅録作以不能推言之 成化本無。
〔七〕人物被形質局定了 成化本爲「性如日光人物所受之不同如隙竅之受光有大小也人物被形質局定了」。
〔八〕寒 成化本作「塞」。此下三個「寒」字皆同。
〔九〕得 成化本作「之」。
〔一〇〕只這些子 成化本爲「只争這些子」。
〔一一〕賀孫 成化本下有小注曰：「時舉録云：『人物之所同者，理也；所不同者，心也。人心虚靈，無所不明；禽獸便昏了，只有一兩路子明。人之虚靈皆推得去，禽獸便推不去。人若以私慾蔽了這個虚靈，便是禽獸。人與禽獸只争這些子，所以謂之「幾希」。』」又，此條賀孫録成化本載於卷五十七。
〔一二〕形 成化本爲「成形」。

〔一三〕章木之氣文別　成化本爲「草木之氣又別」。

〔一四〕惟悴　成化本作「憔悴」。

〔一五〕徐子融名昭然鈆山人　成化本爲「徐子融」。

〔一六〕先生云　成化本無。

〔一七〕子融謂　成化本無。

〔一八〕亦鈆山人　成化本無。

〔一九〕性　成化本無。

〔二〇〕懌　成化本下有小注曰：「池本作『澤』。」

〔二一〕云　成化本作「曰」。

〔二二〕悴　成化本作「瘁」。

〔二三〕邵　成化本無。

〔二四〕德明　成化本下有小注曰：「銖録云：『「本乎天者親上」，凡動物首向上，是親乎上，人類是也。「本乎地者親下」，凡植物本向下，是親乎下，草木是也。禽獸首多横，所以無智。此康節説。』」

〔二五〕紀叟　成化本爲「純叟」。據晦庵先生朱文公文集卷三十四答吕伯恭書：「熹比與純叟及廖子晦同登雲谷，遂來武夷，數日講論，甚適。」又，李心傳建炎以來朝野雜記甲集卷十三：「六年，劉純叟堯夫復以解褐除國子正。」劉純叟堯夫曾與廖子晦德明同學於朱熹。此條爲廖德明所録，「純叟」即劉堯夫。

〔二六〕余　成化本爲「德明」。

〔二七〕去字疑是生字恐只是去字去字絶句　成化本無。

〔二八〕貞 原缺最後一筆，避宋仁宗趙禎諱。
〔二九〕不 成化本作「才」。
〔三〇〕節 成化本無。
〔三一〕見答李方叔書 成化本爲「曾見答余方叔書」。「余方叔」即「余大猷」，乃余大雅之弟。
〔三二〕不消恁仁義 成化本爲「不消恁地分仁義」。
〔三三〕二氣五行經緯 成化本爲「二氣」。
〔三四〕來得參差 成化本爲「參差」。
〔三五〕而人之受之 成化本無。
〔三六〕用 成化本作「因」。
〔三七〕然其所以然……不審是否 成化本爲「皆非人力所與故謂之天所命否」。
〔三八〕若 成化本作「似」。
〔三九〕那裏得個閑人在上面分付這個 成化本爲「那得個人在上面分付這個」。
〔四〇〕淳 成化本無。因成化本中此條與下條淳録並爲一條。
〔四一〕皆是蒼蒼在上者實有以主其造化之權如此邪 成化本爲「皆蒼蒼者實有以主其造化之權邪」。
〔四二〕淳 成化本此条与上条合为一条，下有小注曰：「以下論氣質之性。」
〔四三〕陳淳 成化本爲「安卿」。
〔四四〕則理 成化本爲「之理」。
〔四五〕其 成化本作「某」。

［四六］成化本下有小注曰：「必大録此下云：『性畢竟無形影，只是心中所有底道理是也。』」

［四七］程氏　成化本爲「程子」。

［四八］只道是　成化本爲「只是這」。

［四九］在人却有之便做得詳多事出來　成化本爲「在人仁義禮智性也然四者有何形狀亦只是有如此道理有如此道理便做得許多事出來所以能惻隱羞惡辭遜是非也」。

［五〇］亦無討處　成化本爲「亦無討這形狀處」。

［五一］只是服了後却做得冷做得熱性便只是仁義禮智　成化本爲「只是服了後却做得冷做得熱底便是性便只是仁義禮智」。

［五二］孟氏　成化本爲「孟子」。

［五三］蓋仁義禮智便是實理　成化本爲「蓋性中所有道理只是仁義禮智便是實理」。

［五四］成化本下有小注曰：「必大録云：『若指有知覺者爲性，只是説得「心」字』。」

［五五］便有氣質　成化本下有「若以天命之性爲根於心，則氣質之性又安頓在何處」。

［五六］不成道心只是心　成化本爲「不成只道心是心」。

［五七］心得　成化本作「心」。

［五八］合糊　成化本爲「含糊」。

［五九］成化本下有小注曰：「人傑、必大録小異。」

［六〇］便是誥劄之類　成化本爲「命便是告劄之類」。

［六一］習尚　成化本爲「所習尚」。

〔六二〕便是情發用處　成化本爲「情便是發用處」。

〔六三〕「承」原作「氣」，據成化本改。

〔六四〕成化本下有小注曰：「必大録此云：『有氣質之性，無天命之性，亦做人不得；有天命之性，無氣質之性，亦做人不得。』」

〔六五〕但氣亦有偏處有昏明厚薄之不同　成化本爲「天命之性本未嘗偏但氣質所稟却有偏處氣有昏明厚薄之不同」。

〔六六〕但如只惻隱多　成化本爲「但若惻隱多」。

〔六七〕若頓在黑處……便都紅了　成化本爲「若頓在黑多處便都黑了入在紅多裏便都紅了」。

〔六八〕孟子之論盡是説性……有些不備　成化本爲「孟子之論盡是説性善至有不善説是陷溺是説其初無不善後來方有不善耳若如此却似論性不論氣有些不備」。

〔六九〕説得　成化本爲「説出」。

〔七〇〕將做　成化本作「做」。

〔七一〕合　成化本作「分」。

〔七二〕舜論寬而栗等及臯陶論九德　成化本爲「臯陶謨中所論寬而栗等九德」。

〔七三〕成化本下有「只不曾説破氣質耳」。

〔七四〕康衡説治性亦是氣質　成化本爲「康衡疏中説治性之道亦是説氣質」。成化本改「康」爲「匡」。

〔七五〕下一字　成化本爲「『而』下一字」。

〔七六〕然之　成化本爲「皆然之」。

〔七七〕人十己千　成化本爲「人一己百人十己千」。

〔七八〕些子　成化本爲「這些子」。

〔七九〕有　成化本爲「有些」。

〔八〇〕性　成化本作「惟」。

〔八一〕其説甚當先儒所未到　成化本無。

〔八二〕如陽爲剛躁陰爲重濁之類　此十一字成化本爲小注。

〔八三〕問　成化本爲「又問」。且此前有：「楊尹叔問：『伊川曰「語其才則有下愚之不移」，與孟子「非天之降才爾殊」語意似不同？』曰：『孟子之説自是與程子之説小異。孟子只見得是性善，便把才都做善，不知有所謂氣稟各不同。如后稷岐嶷，越椒知其必滅若敖，是氣稟如此。若都把做善，又有此等處，須説到氣稟方得。孟子已見得性善，只就大本處理會，更不思量這下面善惡所由起處，有所謂氣稟各不同。後人看不出，所以惹得許多善惡混底説來相炒。程子説得較密。』因舉『論性不論氣，不備；論氣不論性，不明，二之則不是』。『須如此兼性與氣説，方盡此論。蓋自濂溪太極言陰陽、五行有不齊處，二程因其説推出氣質之性來。使程子生在周子之前，未必能發明到此。』又曰：『才固是善。若能盡其才，可知是善是好。所以不能盡其才處，只緣是氣稟恁地。』問：『才與情何分別？情是才之動否？』曰：『情是這裏以手指心。發出，有個路脈曲折，隨物恁地去。才是能主張運用做事底。同這一事，有人會發揮得，有不會發揮得；同這一物，有人會做得，有人不會做得，此可見其才。』」

〔八四〕氣出於天……性之善只一般　成化本爲「性與氣皆出於天性只是理氣則已屬於形象性之善固人所同」。

［八五］因指天曰　成化本爲「因指天氣而言」。
［八六］且如清明舒豁時　成化本爲「如天氣晴明舒豁」。
［八七］必竟好底氣常少不好底氣常多　成化本爲「畢竟不好底氣常多好底氣常少」。
［八八］且以一歲觀之……昏昧愚很者常多　成化本爲「以一歲言之一般天氣晴和不寒不暖却是好能有幾時如此看來不是夏寒便是冬暖不是愆陽便是伏陰所以昏愚凶狠底人常多」。
［八九］人之貴賤貧富……便都没理會　成化本爲「人之貧富貴賤壽夭不齊處都是被氣衮亂了都没理會」。
［九〇］没理會　成化本爲「汩没」。
［九一］是　成化本作「自」。
［九二］又居天子位……禀得來薄　成化本爲「居天子之位又做得許大事業又享許大福壽又有許大名譽如孔子之聖固亦是禀得清明純粹然他是當氣之衰禀得來薄了但有許多名譽」。
［九三］而止　成化本無。
［九四］到顔子又無與了　成化本爲「到顔子又自没興了」。
［九五］淳　成化本下有「寓同」。且此條淳録成化本載於卷五十九。
［九六］此條柄録成化本作爲小注，附於時舉録尾。
［九七］這個　成化本無。
［九八］却從那裏過　成化本爲「只是這個天地之性却從那裏過」。
［九九］先生解中庸大本……但小耳　成化本爲「云云」。
［一〇〇］答曰　成化本作「曰」。

〔一〇一〕某物性執某物性令　成化本爲「某物性熱某物性冷」。

〔一〇二〕天地間只是一個道理……只緣氣質之稟各有清濁　成化本此部分内容爲去僞所録。

〔一〇三〕盡心是盡見得這道理存心養性只是操之之意　成化本無。

〔一〇四〕心有善惡……亦有不善　成化本載於卷五。

〔一〇五〕青　成化本作「清」。

〔一〇六〕言性之本　成化本爲「而言性之本」。

〔一〇七〕道夫　成化本下有小注曰：「閎祖録云：『氣稟之偏難除。釋氏云「如水中鹽，色中膠」，取不出也。病翁愛説此。』」

〔一〇八〕氣　成化本爲「二氣」。

〔一〇九〕算命家　成化本爲「算命」。

〔一一〇〕寒　成化本作「塞」。

〔一一一〕不　成化本作「才」。

〔一一二〕重　成化本作「專」。

〔一一三〕問氣稟……只在身　成化本爲「問氣稟云云」。考西山讀書記卷二：「問：『氣稟在於人身，既復天理，氣稟還去得否？』曰：『天理明，則彼如何著得！』」「後」似爲「復」之誤。

〔一一四〕膠中青　成化本爲「色中膠」。

〔一一五〕成化本下有「病翁愛説此」。且此條閎祖録成化本作爲小注，附於道夫録尾。

〔一一六〕此條敬仲録成化本無。

〔一一七〕不淨之器　成化本爲「以不淨之器」。

〔一一八〕童伯羽録同而此後更有云　成化本爲「伯羽録云」。

〔一一九〕理如寶珠氣如水　成化本無。

〔一二〇〕有理　成化本爲「有是理」。

〔一二一〕如珠落在清冷水中　成化本爲「如寶珠在清冷水中」。

〔一二二〕爲暗　成化本爲「爲不肖」。

〔一二三〕如珠落在昏濁水中　成化本爲「如珠在濁水中」。

〔一二四〕昏濁　成化本爲「濁水」。

〔一二五〕物亦是此理　成化本爲「物亦有是理」。

〔一二六〕珠　成化本爲「寶珠」。

〔一二七〕自有不昧　成化本爲「自不昧」。

〔一二八〕又曰便蟣虱餓時也喫人捉時也解走　成化本無。

〔一二九〕他　成化本作「此」。

〔一三〇〕庶民去之君子存之　成化本無。

〔一三一〕陳了翁　成化本爲「了翁」。考八閩通志卷六十九：「陳瓘，字瑩中。沙縣人。……自號了翁。」

〔一三二〕力　成化本爲「功」。考宋文鑑卷一百二十七所存陳瓘責沈文貽知默姪：「氣質一定而不能自易，其習者未嘗不學歟。氣質之用狹，道學之力大。習其所自習者，未嘗察也。」又西山讀書記卷二「問季通主張氣質太過」一條所載亦曰：「陳了翁云：『氣質之用狹，道學之力大。』」

〔一三三〕至到　成化本作「至」。

〔一三四〕此條人傑録成化本載於卷五十二。

〔一三五〕此條節録成化本載於卷六十一。

〔一三六〕程氏所論　成化本爲「程子論」。

〔一三七〕水釋　成化本爲「冰釋」。

〔一三八〕但　成化本無。

〔一三九〕晦夫　成化本無。另，此條晦夫録成化本載於卷一百三十七。

〔一四〇〕又曰　成化本無。

〔一四一〕本無底　成化本爲「本然底」。據徽州本卷四（成化本卷五十九）淳録：「孟子説性善，只見得大本處，未説到氣質之性細碎處。」「無」似爲「然」之誤。

〔一四二〕是不盡備　成化本無。

〔一四三〕夫下底荀子　成化本爲「荀子」。據成化本卷五十九義剛録：「若只論性而不論氣，則收拾不盡，孟子是也。若只論氣而不論性，則不知得那原頭，荀揚以下是也。」所謂「夫下底」猶「夫下者」，指孟子以後者。

〔一四四〕約　成化本作「的」。

〔一四五〕説語　成化本爲「説話」。

〔一四六〕繼　成化本無。

〔一四七〕成化本下有小注曰：「柄録云：『問：「天地之性既善，則氣禀之性如何不善？」曰：「理固無不善，纔賦於氣質，便有清濁、偏正、剛柔、緩急之不同。蓋氣强而理弱，理管攝他不得。如父子本是一氣，子乃父所生；父賢而子不肖，父也管他不得。又如君臣同心一體，臣乃君所命；上欲行而下沮格，上之人亦不能一一去督責得他。」』」

［一四八］成化本下有小注曰：「寓録少異。」

［一四九］然稟得那底低薄底　成化本爲「然稟得那低底薄底」。考朱子語類多有「那底」表「那(些)個」之意者，如徽州本卷十八(成化本卷十八)道夫録曰：「這底是可以如何使，那底是可以如何用，車之可以行陸，舟之可以行水，皆所當理會。」又如徽州本卷一百三(成化本卷一百一)淳録曰：「誠是實理，徹上徹下，只是這個。生物都從那上做來，萬物流形天地之間，都是那底做。」「那底」與上文「這底」或「這個」對舉，「那底」猶「那些」或「那個」。所謂「稟得那底低薄底」指「稟得那些個低薄底」。

［一五〇］恰好　成化本作「恰」。

［一五一］那物事　成化本爲「自是那物事」。

［一五二］且如面前事也自是少□□□事多　底本「少」與「事」間有脱文，成化本爲「且如面前事也自是好底事少惡底事多」。

［一五三］中庸「率性」　成化本無。

［一五四］之　成化本作「底」。

［一五五］此條淳録成化本分爲兩條，自「問天命謂性之命」至「性善又是超出氣説」載於卷四，而自「率循也」至「曰是」則載於卷六十二。

［一五六］譬如職事職事只一般　成化本爲「譬如職事一般」。

〔一五七〕便是付人許多職事　成化本下有小注曰：「別本云：『道理只一般。』」

〔一五八〕差人　成化本爲「差人做官」。

〔一五九〕趍　成化本作「趍」。

〔一六〇〕心一也有指體而言者有指用而言者伊川語與横渠心統性情説相似　成化本無，但卷九十五有陳淳所録一條曰：「『心一也，有指體而言者，有指用而言者』，伊川此語與横渠『心統性情』相似。」

〔一六一〕寓　成化本下有小注曰：「淳録自『横渠』以下同。」

〔一六二〕木之　成化本無。

〔一六三〕之　成化本無。

卷五

〔一〕賀孫　成化本下有小注曰：「以下論性命。」

〔二〕魯叔　成化本爲「道夫」。考李清馥閩中理學淵源考卷十九曰：「莆中傳朱子之學者，方、陳二家子弟最盛。其餘諸賢亦多彬彬林立，見於集中往復書札可考。文公與景思書云：『魯叔兄弟幾人今皆年幾何？莫亦能自卓立否？欲作書慰之，以病未能，當俟後便也。』按，魯叔爲朱魯叔也。其兄弟事實未詳。朱子別集曾載有答書。」「魯叔」應爲「朱魯叔」，福建人。

〔三〕設施　成化本爲「施設」。

〔四〕公謹　成化本爲「賀孫」。

〔五〕淳　成化本下有小注曰：「以下論性。」

〔六〕在心喚做性　成化本此前有「性即理也」。

〔七〕僩　成化本作「燾」。

〔八〕此條節録成化本無。

〔九〕節　成化本作「同」。下一條同。

〔一〇〕節　成化本無。

〔一一〕這個　成化本作「這」。

〔一二〕節　成化本作「同」。

[一三] 般 成化本無。
[一四] 器之問告子説性處甚詳 成化本無。
[一五] 其説 成化本無。
[一六] 自是 成化本爲「却是」。
[一七] 此條賀孫録成化本載於卷一百一。
[一八] 是 成化本作「有」。
[一九] 賀孫 成化本下有小注曰:「以下論心。」
[二〇] 惟 成化本作「性」。
[二一] 節 成化本無。
[二二] 又 成化本無。
[二三] 故此心之仁則生矣 成化本爲「故此心必仁仁則生矣力行」。
[二四] 節 成化本無。
[二五] 底 成化本無。
[二六] 寺中 成化本無。
[二七] 木之 成化本無。
[二八] 子知 成化本爲「子升」。
[二九] 是 成化本爲「直是」。
[三〇] 又有 成化本無。

〔三一〕便　成化本無。

〔三二〕泳　成化本作「謙」。

〔三三〕此條節録成化本無。然成化本卷十九(即此下一條)方子録中注曰:「節録作『只就事實上説』。」

〔三四〕不曾　成化本作「不」。

〔三五〕只説事實　成化本下有小注曰:「節録作『只就事實上説』。」考成化本不載甘節所録,其不同之處則以小注形式,附於方子録中。

〔三六〕成化本下有「方子」,且載此條方子録於卷十九。

〔三七〕具　成化本作「是」。

〔三八〕他　成化本無。

〔三九〕要　成化本作「常」。

〔四〇〕又動中之動静也　成化本下有小注曰:「思有善惡,又動中動,陽明陰濁也。」

〔四一〕又静中之動静也　成化本下有小注曰:「夢有邪正,又静中動,陽明陰濁也。」

〔四二〕必於寤而言之　成化本下有小注曰:「寤則虚靈知覺之體燀然呈露,如一陽復而萬物生意皆可見;寐則虚靈知覺之體隱然潛伏,如純坤月而萬物生性不可窺。此答陳,日書而詳。」

〔四三〕若海　成化本無,且載此條語録於卷一百四十。

〔四四〕則太極自是太極　成化本爲「自是太極」。

〔四五〕砥　成化本下有小注曰:「以下總論心性。」

〔四六〕大雅　成化本無。

[四七] 雜　成化本作「離」。
[四八] 理便是心之所有之理心便是理之所會之地　成化本爲「性便是心之所有之理心便是理之所會之地」，且此下有小注曰：「一『心』字，饒録作『性』。」王本則爲：「下『心』字，饒録作『性』。」
[四九] 問心性　成化本無。
[五〇] 昨日　成化本作「昨」。
[五一] 心以性爲體……以有性故也　成化本另作一條，且置於此條之前，其間以甘節録隔之。
[五二] 此條甘節録成化本無。
[五三] 此條賜録成化本載於卷一百三十八。
[五四] 先生誨力行曰　成化本無。
[五五] 即　成化本作「是」。
[五六] 此條節録成化本無。
[五七] 此條方子録成化本無。
[五八] 明禪作　當爲「明作」，「禪」爲衍字。此條明作録成化本無。
[五九] 因論心性情之别　成化本無。
[六〇] 至於　成化本無。
[六一] 雖　成化本作「皆」。
[六二] 程子謂　成化本無。
[六三] 因舉云　成化本無。

［六四］昔上蔡見明道舉經史成千百言不錯一字　成化本爲「上蔡見明道舉經史不錯一字」。
［六五］吴伯豐　成化本爲「伯豐」。
［六六］若語及心則又是一個包總性情底説語　成化本爲「心又是一個包總性情底」。
［六七］見　成化本作「是」。
［六八］如鄭康成　成化本無。
［六九］未發之前是心之體用　成化本爲「未發之前是心之體已發之際乃心之用」。
［七〇］問　成化本爲「或問」。
［七一］正於心　成化本爲「主於心」。
［七二］輔漢卿　成化本爲「漢卿」。
［七三］胡叔器　成化本爲「叔器」。
［七四］那　成化本無。
［七五］是如此否　成化本無。
［七六］則　成化本無。
［七七］康節所謂心者性之郛郭也　成化本爲「康節所謂心者性之郛郭是也包裹底是心發出不同底是性心是個没思量底只會生」。
［七八］此條從周録成化本無。
［七九］一般　成化本爲「一件」。
［八〇］言　成化本作「善」。

［八一］胡亂説　成化本爲「胡説」。
［八二］陳君舉門説　成化本爲「見陳君舉門人説」。陳君舉門乃指陳君舉等人，一如下文「東坡、子由門」，成化本改爲「陳君舉門人」，似誤。
［八三］心　成化本無。
［八四］横渠言　成化本作「言」。
［八五］辭遜之心禮之端是非之心智之端　成化本無。
［八六］却　成化本無。
［八七］處　成化本無。
［八八］而　成化本無。
［八九］皆　成化本無。
［九〇］是非辭遜　成化本爲「辭遜是非」。
［九一］出來　成化本作「出」。
［九二］一個物　成化本爲「一物」。
［九三］此心　成化本作「心」。
［九四］惟心之謂歟　成化本無。
［九五］走作　成化本爲「失去」。
［九六］大要全在致知要致知只在窮理　成化本爲「大要在致知致知在窮理」。
［九七］如今　成化本無。

［九八］休歇　成化本作「歇」。
［九九］舊鏡　成化本爲「塵鏡」。
［一〇〇］只説得知仁　成化本爲「只説知仁」。
［一〇一］却是要做工夫去爲仁豈可説道知得了便休　成化本爲「是要做工夫去爲仁豈可道知得便休」。
［一〇二］如今　成化本作「今」。
［一〇三］添着　成化本作「添」。
［一〇四］如刑　成化本爲「加刑」。
［一〇五］大抵　成化本無。
［一〇六］成仁　成化本無。
［一〇七］非所以干禄　成化本爲「非以干禄」。
［一〇八］公都子問性　成化本爲「金問金都子問性」。
［一〇九］倨屣　成化本爲「倍屣」。
［一一〇］兄弟之説　成化本無。
［一一一］以動爲心耶　成化本爲「以動爲心是耶」。
［一一二］故　成化本作「又」。
［一一三］矣　成化本作「也」。
［一一四］孟子嘗問象殺舜事　王本爲「萬章嘗問象殺舜事」。
［一一五］自是萬章不能燭理輕信如此篇論處　成化本爲「自是萬章不能燭理輕信如此孟子且答正問未暇

與他言此猶可言也如此篇論才處」。

〔一一六〕却是　成化本爲「却是孟子自錯了未暇辨也豈其然乎」。

〔一一七〕孟子既要答他正意　成化本爲「又説孟子既又答他正意」。

〔一一八〕願先生子細開發蒙昧　成化本無。

〔一一九〕包　成化本作「統」。

〔一二〇〕二程先生　成化本爲「二先生」。

〔一二一〕則是　成化本爲「則皆是」。

〔一二二〕與人　成化本無。

〔一二三〕通　成化本無。

〔一二四〕此條謨録成化本載於卷五十九。

〔一二五〕按金去僞録亦作去僞問……但欠一個氣字耳　成化本爲「此下去僞人傑録皆云」。

〔一二六〕成化本此下有「僩」。

〔一二七〕兆朕　成化本爲「兆眹」。據劉獻廷廣陽雜記卷五：「眹音引，目瞤也；兆，灼龜也。二者著見幾微，皆先事而知之。韻注云：『吉凶形兆謂之兆眹。』今人誤以眹爲朕，又倒爲朕兆，於古無據。」

〔一二八〕寓　成化本無。

〔一二九〕淳録同　成化本爲「以下兼論意」。

〔一三〇〕士毅　成化本無。

〔一三一〕成化本此下有小注曰：「夔孫録云：『因是有情而後用其意。』」

〔一三二〕士毅　成化本載於此條語録末尾。

〔一三三〕人曰　成化本爲「又曰」。

〔一三四〕成化本此下有小注曰：「以下兼論志。」

〔一三五〕云　成化本作「曰」。

〔一三六〕意是私潛行間發處多　成化本爲「意是私地潛行間發處」。

〔一三七〕成化本此下有小注曰：「以下兼論才。」

〔一三八〕但只是情是遇物而發路陌曲折恁地去底便是這才便是那會如此底耳　成化本爲「但情是遇物而發路陌曲折恁地去底才是那會如此底」。

〔一三九〕又曰……心統情　成化本無。

〔一四〇〕情與才何別　成化本爲「才與情何分別情是才之動否」。

〔一四一〕動　成化本作「發」。

〔一四二〕有人　成化本作「有」。

〔一四三〕有　成化本爲「有人」。

〔一四四〕此條淳録成化本載於卷五十九。底本把此條語録分載多處，見卷四淳録「問氣出於天否」條。

〔一四五〕道夫　成化本無。

〔一四六〕知思附　成化本作「付」，疑有脱文。

〔一四七〕此條佫録成化本無。

〔一四八〕此條僩録成化本無。

〔一四九〕此條僩録成化本載於卷三。

〔一五〇〕按此引左傳昭七年……不亦宜乎　成化本無。又，此條淳録成化本載於卷三。

〔一五一〕此條庚録成化本無。

〔一五二〕此條庚録成化本載於卷一百二十六。

〔一五三〕庚　成化本無。

〔一五四〕此條賜録成化本卷三僅載「問魂魄……實分數少底」，而無「林少蘊解書……帝亦是如此」。

〔一五五〕交時　成化本爲「氣交時」。

〔一五六〕水　成化本爲「如水」。

〔一五七〕人之能親能聽　成化本爲「人之視能明聽能聰」。據語意，「親」當爲「視」之誤。

〔一五八〕又問勞死魄生魂死魄　成化本爲「又問生魄死魄」。

〔一五九〕成化本此下有小注曰：「有脱誤。」

〔一六〇〕魂　成化本作「魄」。

〔一六一〕神便在心裹面爲精發出光彩爲神　成化本爲「神便在心裹凝在裹面爲精發出光彩爲神」。

〔一六二〕就　成化本作「説」。

〔一六三〕此條寓録成化本載於卷九十五，作爲小注附於賀孫録後。

〔一六四〕此條可學録成化本無。

〔一六五〕此條可學録成化本載於卷一百三十八。

卷六

〔一〕成化本此下有小注曰：「以下道理。」

〔二〕問道與理何别　成化本無。

〔三〕道　成化本爲「道路」。

〔四〕此條節録成化本無。

〔五〕節問何謂理　成化本無。

〔六〕當從那裏去　成化本爲「文路子當從那裏去」。

〔七〕有　成化本作「存」。

〔八〕理　成化本爲「道理」。

〔九〕節　成化本無。

〔一〇〕因　成化本爲「亦因」。

〔一一〕成化本下有「節」。

〔一二〕者　成化本作「著」。

〔一三〕提撥　成化本爲「提掇」。

〔一四〕處　成化本作「也」。

〔一五〕這説　成化本無。

〔一六〕成化本此下有小注曰：「以下論體用。」
〔一七〕鉄　成化本作「銖」。
〔一八〕一體　成化本爲「一大體」。
〔一九〕淳　成化本作「寓」。
〔二〇〕此條道夫録成化本無。
〔二一〕節　成化本無。
〔二二〕周　成化本作「同」。
〔二三〕節　成化本無。
〔二四〕成化本此下有小注曰：「節同。」
〔二五〕此條寓録成化本無。
〔二六〕體　成化本爲「體用」。
〔二七〕説　成化本作「道」。
〔二八〕非　底本闕，據成化本補。
〔二九〕硬　底本闕，據成化本補。
〔三〇〕此條淳録成化本載於卷二十七。
〔三一〕此條方子録成化本載於卷九十四。
〔三二〕成化本此下有小注曰：「節。以下論誠。」
〔三三〕成化本此下有小注曰：「一作『只是理』。」

［三四］然而後學又皆棄誠慤之説不觀　成化本爲「後學皆棄誠慤之説不觀」。
［三五］譬則是這個扇子　成化本爲「譬則這扇子」。
［三六］胡五峰　成化本爲「五峰」。
［三七］扇子　成化本無。
［三八］此條賜録成化本無。
［三九］忘　成化本作「妄」。
［四〇］此條過録成化本爲：「先生問諸友：『誠、敬二字如何分？』各舉程子之説以對。先生曰：『敬是不放肆底意思，誠是不欺妄底意思。』過。」且成化本下有小注曰：「以下誠敬。」
［四一］成化本此下有小注曰：「以下雜論。」
［四二］者　成化本無。
［四三］胡叔器　成化本爲「叔器」。
［四四］猶愛不足以盡仁　成化本下有「上是，下不是」。
［四五］孚字　成化本爲「蓋孚字」。
［四六］此條僩録成化本載於卷九十七。
［四七］一與中　成化本爲「問一與中」。
［四八］二　成化本作「一」。
［四九］成化本此下有「去僞」。
［五〇］以知　成化本爲「不知」。

〔五一〕議　成化本作「義」。

〔五二〕晦夫　成化本作「煇」。

〔五三〕理一也　成化本爲「或問：誠是體，仁是用否？曰：理一也」。

〔五四〕蓋其無實矣　成化本爲「蓋無其實矣」。

〔五五〕者　成化本作「是」。

〔五六〕心者統性情而言也　成化本無。

〔五七〕講　成化本作「説」。

〔五八〕浙　底本闕，據成化本補。

〔五九〕之　底本闕，據成化本補。

〔六〇〕長　成化本作「是」。

〔六一〕去　成化本作「却」。

〔六二〕人傑　成化本爲「去僞」，且載於卷二十七。

〔六三〕成化本此下有小注曰：「以下五常。」

〔六四〕成化本此下有小注曰：「祖道。」

〔六五〕僩　成化本下有小注曰：「古注。」且載此條僩録於卷六十一。

〔六六〕正淳問……勇只是發用於外者　成化本無。

〔六七〕幹　成化本作「榦」。

〔六八〕成化本此下有小注曰：「以下仁義禮智。」

〔六九〕誠　成化本作「識」。
〔七〇〕云　成化本爲「上云」。
〔七一〕仁　成化本無。
〔七二〕結裹　成化本爲「結裹」。
〔七三〕方看得　成化本爲「方看得出」。
〔七四〕成終　成化本爲「成始而成終」。
〔七五〕盡　成化本作「蓋」。
〔七六〕吻合無間　成化本此下有「故不貞則無以爲元也」。
〔七七〕下文　成化本無。
〔七八〕體　成化本爲「體之」。
〔七九〕言　成化本無。
〔八〇〕彩易　成化本爲「移易」。
〔八一〕羞惡只是一事　成化本爲「只是一事」，此前有兩字空缺，故成化本下又有小注曰：「末數語疑有脱誤。」
〔八二〕此條節録成化本無。
〔八三〕收　成化本此下有小注曰：「一作『深』。」
〔八四〕此條節録成化本無。成化本卷三收方子録曰：「吉甫問：『仁義禮智，立名還有意義否？』曰：『説仁，便有慈愛底意思；説義，便有剛果底意思。聲音氣象，自然如此。』直卿云：『六經中專言仁者，包四端也；言仁義而不言禮、智者，仁包禮，義包智。』方子。節同。佐同。」

〔八五〕與禮智皆然　成化本爲「禮智皆然」。

〔八六〕夏末　成化本無。

〔八七〕自　成化本作「百」。

〔八八〕此條季札録成化本載於卷五十三。

〔八九〕子元翰　據李清馥閩中理學淵源考卷三十：「蒲仲昭，晉江人。……遺詩若干卷，劉克莊序之。……游居于泉，以詩鳴者，陳衆仲、阮信道、王元翰，仲昭或師或友，皆兼所長。」疑「子元翰」即王元翰。

〔九〇〕此條道夫録成化本無。

〔九一〕人每日只如此體鶻突突過了心都不曾收拾得在這裏面　成化本爲「人每日只鶻鶻突突過了心都不曾收拾得在裏面」。

〔九二〕須　成化本爲「須得」。

〔九三〕本性分　成化本爲「本性」。

〔九四〕成化本此下有「明作」。

〔九五〕道夫　成化本無。

〔九六〕利病　成化本無。

〔九七〕道夫　成化本無。且載此條道夫録於卷一百十五。

〔九八〕從周　成化本爲「方子拱壽同」。

〔九九〕是　成化本作「足」。

〔一〇〇〕銖　成化本爲「方子拱壽同」。

〔一〇一〕將愛之理在自家心上體自體認思量　成化本爲「將愛之理在自家心上自體認思量」。

〔一〇二〕思意　成化本爲「意思」。

〔一〇三〕一界　成化本爲「一界子」。

〔一〇四〕生生意　成化本爲「生意」。

〔一〇五〕味　成化本作「未」。

〔一〇六〕泳云　成化本無。

〔一〇七〕窮　成化本作「第」。

〔一〇八〕從　成化本作「後」。

〔一〇九〕夜　成化本作「移」。

〔一一〇〕此條銖録成化本無，但卷三載有從周所録曰：「無私以間之則公，公則仁。譬如水，若一些子礙，便成兩截，須是打併了障塞，便滔滔地去。從周。拱壽同。」

〔一一一〕此條可學録成化本無。

〔一一二〕處謙　成化本爲「壯祖」。據朱子語録姓氏，「李壯祖，字處謙」。

〔一一三〕間　成化本作「固」。

〔一一四〕不可便謂無沙無石　成化本爲「不可便謂無沙無石爲水也」。

〔一一五〕無　成化本此前有「惟」。

〔一一六〕惟無私然後與天地萬物爲一體　成化本爲「惟無私然後仁惟仁然後與天地萬物爲一體」。

〔一一七〕八字　成化本無。

〔一一八〕共　成化本作「并」。

〔一一九〕此條成化本無。

〔一二〇〕此條可學録成化本載於卷一百一。

〔一二一〕韓文公　成化本無。

〔一二二〕此條成化本載於卷一百三十七。

〔一二三〕架空　成化本爲「深空」。

〔一二四〕中有　成化本無。

〔一二五〕所謂仁者　成化本作「仁」。

〔一二六〕一草不踐　成化本無。

〔一二七〕此條人傑録成化本作爲小注，附於卷三祖道録中。

〔一二八〕理　成化本無。

〔一二九〕意　成化本作「義」。

〔一三〇〕成化本此下有「方子」。

〔一三一〕道夫　成化本作「驤」。

〔一三二〕成化本此下有「道夫」。

〔一三三〕分明　成化本爲「分别」。

［一三四］此條銖録成化本載於卷九十五。

［一三五］問　成化本爲「又問」。

［一三六］成化本中此條與上一條併爲一條，且載此條淳録於卷九十五。

［一三七］此條節録成化本無。

［一三八］卓　成化本作「倜」。

［一三九］兩字　底本闕，據成化本補。

［一四〇］如敬　成化本爲「如在敬」。

［一四一］此條成化本載於卷八十三，且此下有「閎祖」，並注曰：「九年。」

卷七

〔一〕道夫　成化本作「驤」。

〔二〕這裏　成化本爲「這裏定」。

〔三〕王問大學小學之别　成化本無。

〔四〕問小學大學之别　成化本無。

〔五〕事理　成化本爲「事之理」。

〔六〕也不更大段學　成化本爲「也更不大段學」。

〔七〕少　成化本作「小」。

〔八〕淳　成化本無。

〔九〕徐　成化本作「寓」。

〔一〇〕去聲　成化本無。

〔一一〕成化本此下有小注曰：「寓作『根株』。」

〔一二〕今人自小子即教做小字對　成化本爲「今人自小即教做對」。

〔一三〕至是　成化本無。

〔一四〕義剛又問曰　成化本作「問」。

〔一五〕淳同　成化本無。

〔一六〕淳　成化本無。
〔一七〕淳。義剛同　成化本爲「義剛」。
〔一八〕親　成化本作「見」。
〔一九〕可學子　成化本爲「可學」。
〔二〇〕文忠　成化本無。
〔二一〕此條淳録成化本載於卷一百五。
〔二二〕此條時舉録成化本載於卷一百五。
〔二三〕隨慮　成化本爲「謀慮」。
〔二四〕此條植録成化本載於卷一百五。
〔二五〕此條淳録成化本無，但卷一百五有寓録曰：「楊尹叔問：『「嚴威儼恪，非所以事親也」，注「恪」爲「恭敬」，如何？』曰：『恭敬較寬，便都包許多，解「恪」字亦未盡。「恪」是恭敬中樸實緊切處，今且恁地解。若就恭敬説，則恭敬又別。恭主容，敬主事，如「居處恭，執事敬」之類。』安卿問：『恪非所以事親，只是有嚴意否？』曰：『太莊、太嚴厲了。』」
〔二六〕卓　成化本無。
〔二七〕此條淳録成化本載於卷一百五。
〔二八〕其中書是只學字法否　成化本爲「書莫只是字法否」。
〔二九〕成化本此下有小注曰：「論小學書，餘見本類。」

卷八

[一] 成化本此下有小注曰：「饒本作『理』。」

[二] 語 成化本作「話」。

[三] 夔孫 成化本爲「因説象山之學儒用」。

[四] 大 成化本作「夫」。

[五] 成化本此下有「道夫」。

[六] 這個了 成化本作「這個些」。

[七] 是 成化本作「要」。

[八] 此條賀孫録成化本載於卷一百二十一。

[九] 此條從周録成化本無。但卷八載至録曰：「學者做工夫，莫説道是要待一個頓段大項目工夫後方做得，即今逐些零碎積累將去。纔等待大項目後方做，即今便蹉過了！學者只今便要做去，斷以不疑，鬼神避之。『需者，事之賊也！』」徽州本卷八亦有至所録「斷以不疑，鬼神避之。『需者，事之賊也』」，但另作一條。

[一〇] 是 成化本作「有」。

[一一] 主 成化本作「上」。

[一二] 君 成化本作「若」。

〔一三〕看　成化本作「有」。
〔一四〕見得　成化本爲「見道」。
〔一五〕力行　成化本爲「以下訓力行」，且載於卷一百十八。
〔一六〕生多少人來其盡己者　成化本爲「生多少人求其盡己者」。
〔一七〕人　成化本無。
〔一八〕述　成化本作「迷」。
〔一九〕就　成化本作「説」。
〔二〇〕更於此看　成化本無。
〔二一〕此條僩録成化本載於卷四十九。
〔二二〕成化本此下有「古今盛衰存亡治亂事體是如何」。
〔二三〕生解　成化本爲「注解」。
〔二四〕此條賀孫録成化本載於卷一百二十一。
〔二五〕放平易去　成化本爲「平易寬快去」。
〔二六〕理　成化本爲「義理」。
〔二七〕載　成化本作「歲」。
〔二八〕且　成化本作「也」。
〔二九〕此條賀孫録成化本載於卷一百二十一。
〔三〇〕學蒙　成化本爲「賀孫」。

〔三一〕方子　成化本作「振」。

〔三二〕道夫　成化本作「驤」。

〔三三〕其　成化本爲「其本相」。

〔三四〕成化本此下有小注曰：「方子録云：『天地之氣，雖至堅如金石，無所不透，故人之氣亦至剛，蓋其本相如此。』」

〔三五〕此條方子録成化本載於本卷至録中。「方子」，成化本作「至」。

〔三六〕此條淳録成化本載於卷十二。

〔三七〕先生論　成化本無。

〔三八〕者　成化本作「煮」。

〔三九〕物事二字輔本作道理　成化本爲「廣録作道理」。

〔四〇〕此條士毅録成化本載於卷九。

〔四一〕下　成化本作「上」。

〔四二〕學　成化本作「緊」。

〔四三〕士毅同　成化本無。

〔四四〕窮　成化本作「窟」。

〔四五〕田單　成化本爲「田忌」。

〔四六〕是　王本作「先」。

〔四七〕二　成化本作「三」。

〔四八〕何曾道便是　成化本爲「何曾便道是」。

〔四九〕謂鑛非銀固不可必謂之銀又不可　成化本爲「謂鑛非銀不可然必謂之銀不可」。

〔五〇〕此條淳録成化本載於卷五十九。

〔五一〕人若以自修爲心　成化本此前有「聖人之學，異夫常人之學。才略舉其端，這裏便無不昭徹。然畢竟是學」。

〔五二〕此條夔孫録成化本載於卷三十四。

〔五三〕此條語録成化本無。

〔五四〕此條大雅録成化本載於卷一百二十一。

〔五五〕自覺得　成化本作「覺」。

〔五六〕而　成化本無。

〔五七〕此條僩用録成化本無。但成化本載砥録曰：「爲學須覺今是而昨非，日改月化，便是長進。」

〔五八〕不要等待　成化本另作一條。

〔五九〕快　成化本作「快」，此條下二「快」同。

〔六〇〕育　成化本作「有」。

〔六一〕伯豐　成化本爲「必大」。

〔六二〕于　成化本作「守」。

〔六三〕此條從周録成化本載於卷十二。此下所接道夫、德明録同。

〔六四〕此條僩録成化本載於卷一百四十。

〔六五〕此條去僞録成化本載於卷十二。

〔六六〕如其　成化本無。

〔六七〕牢　成化本作「宇」。

〔六八〕至　成化本爲「至於」。

〔六九〕當時　成化本爲「當初」。

〔七〇〕廣同　成化本無。又，此條成化本載於卷一百二十一。

〔七一〕此條大雅録成化本載於卷十二。

〔七二〕過問　成化本爲「過見先生越數日問曰」。

〔七三〕爲學之要　成化本爲「思得爲學之要」。

〔七四〕覩　成化本作「覷」。

〔七五〕當云　成化本爲「下句當云」。

〔七六〕過　成化本爲「以下訓過」。又，此條過録成化本載於卷一百十八。

〔七七〕者　成化本作「後」。

〔七八〕柄　成化本無。又，此條柄録成化本載於卷一百十七。

〔七九〕故先生有此語　成化本無。又，此條柄録成化本載於卷十二，此下七條同。

〔八〇〕成化本此下有「升卿」。

〔八一〕此條廣録成化本載於卷九。

〔八二〕士毅録云　成化本爲「士毅廣録云」。

［八三］是　成化本作「始」。
［八四］此條語録成化本載於卷一百二十二。
［八五］體識交分明　成化本爲「體認教分明」。
［八六］以思窒慾思與敬如何　成化本爲「何以窒慾伊川曰思此莫是言慾心一萌當思禮義以勝之否曰然又問思與敬如何」。
［八七］有力　成化本爲「最有力」。
［八八］此條人傑録成化本載於卷九十七。
［八九］此條德明録成化本載於卷十二。
［九〇］因舉酒云　成化本此前有「學者識得個脈路正，便須剛决向前。若半青半黄，非惟無益」。
［九一］此條道夫録成化本無。

卷九

〔一〕李文　成化本爲「堯卿」。據閩中理學淵源考及宋元學案皆載李唐咨，字堯卿，爲陳淳岳父，語録中亦多稱其爲「李丈」。「文」當爲「丈」之誤。

〔二〕後　成化本無。

〔三〕問　成化本作「曰」。

〔四〕銖　成化本作「淳」。

〔五〕此條泒録成化本無。「泒」似爲「泳」之誤。

〔六〕此條可學録成化本無。

〔七〕乎　成化本作「寸」。

〔八〕大緊　成化本爲「大概」。

〔九〕只是自家存得些存這裏便在這裏　成化本爲「只是自家存得些在這裏便在這裏」。

〔一〇〕賜　成化本作「陽」。

〔一一〕李文問　成化本作「李文問」，且此前有「問：『持敬致知，互相發明否？』曰：『古人如此説，必須是如此。更問他發明與不發明要如何？古人言語寫在册子上，不解錯了。只如此做工夫，便見得滋味。不做持敬，只説持敬作甚？不做致知，只説致知作甚？譬如他人做得飯熟，盛在椀裏，自是好喫，不解毒人是定。自家但喫將去便知滋味，何用問人？不成自家這一邊做得些小持敬工夫，計會那一邊致知發明與未發明；那一邊做得些小致知工夫，又來計會這一邊持敬發明與未發明。如此，有甚了期。』」

〔一二〕浮　成化本爲「淳」。考此條語録成化本載於卷一百十七「訓門人」之「訓淳」下，「浮」當爲「淳」之誤。

〔一三〕㽦　成化本作「廣」。

〔一四〕儒用夔孫同　成化本爲「夔孫」。

〔一五〕泳　成化本此下有小注曰：「以下論知爲先。」

〔一六〕王云　成化本作「曰」。

〔一七〕成化本此下有「今人多教人踐履，皆是自立標致去教人。自有一般資質好底人，便不須窮理、格物、致知。聖人作個大學，便使人齊入於聖賢之域。若講得道理明時，自是事親不得不孝，事兄不得不弟，交朋友不得不信」。

〔一八〕古人　成化本作「古」。

〔一九〕説學字　成化本無。

〔二〇〕之進　成化本無。

〔二一〕大學于格物誠意都鍛煉成了到得正心修身處只是行將去都易了　成化本無。

〔二二〕德明同　成化本無，有「義剛録云：『人如何不博學得！若不博學，説道修身行己，也猛撞做不得。大學「誠意」，只是説「如好好色，如惡惡臭」。及到説修身處時，已自寬了。到後面也自無甚事。其大本只是理會致知、格物。若是不致知、格物，便要誠意、正心、修身；氣質純底將來只做成一個無見識底獃人。若是意思高廣底，將來遏不下，便都顛了，如劉淳叟之徒。六經説「學」字，自傅説方説起來：「王，人求多聞，時惟建事。學于古訓，乃有獲。」先生至此，諷誦「念終始典于學，厥德修罔覺」，曰：「這數句，只恁地説，而其曲折意思甚密。便是學時自不知不覺，其德自修。而今不去講學，要修身，身如何地修！」』」

［二三］見無虛實　成化本此前有「見，不可謂之虛見」。

［二四］見只是見了後却有行有不行　成化本爲「見只是見見了後却有行有不行」。

［二五］爾然後可以用力矣　成化本爲「然後可以用力」。

［二六］此條去僞録成化本載於卷八。

［二七］如云就公之身……遂語及此　成化本無。

［二八］程先生所謂矯輕警惰　王本爲「張先生所謂矯輕警惰」。考張載集經學理窟有「慎喜怒，此只矯其末而不知治其本，宜矯輕警惰」之句。

［二九］之　成化本作「云」。

［三〇］孔子曰　成化本無。

［三一］他　成化本作「也」。

［三二］也　成化本無。

［三三］智　成化本作「知」。

［三四］此條蜚卿録成化本載於卷十二。

［三五］蜚卿　成化本爲「伯羽」。據成化本朱子語録姓氏：「童伯羽，字蜚卿。」又李清馥閩中理學淵源考及宋元學案皆作「童伯羽」。又，此條成化本載於卷十一。

［三六］暗鑑如何照物　成化本與上一條相連。

［三七］分明　成化本爲「分曉」，下有小注曰：「季札録云：『庶幾心平氣和，可以思索義理。』」

［三八］他日長進亦只在一個心做本　成化本爲「他日長進亦只在這裏人只是一個心做本」。

［三九］成化本此下有小注曰：「季札録云：『問：「伊川見人静坐，如何便歎其善學？」曰：「這却是一個總要處。」又云：「大學『在明明德』一句，當常常提撕。能如此，便有進步處。蓋其原自此發見。人只一心爲本。存得此心，於事物方知有脈絡貫通處。」』」

［四〇］此條士毅録成化本載於卷十二。

［四一］論　成化本無。

［四二］雨　成化本無。

［四三］長孺　成化本無。

［四四］成化本此下有小注曰：「以下窮理。」

［四五］成化本此下有小注曰：「此處必有脱字。」

［四六］是　成化本無。

［四七］白　成化本作「曰」。據此條語録内容，似在「初間看」之前已是朱熹之語，而從成化本「初間看」之前的小注「此處必有脱字」來看，其所脱的内容中或有問答相接之語。「白生恁地」意謂「憑空那樣(做)」。

［四八］王本注「此條，賀疑有脱誤」。

［四九］此條賀孫録成化本載於卷一百二十。

［五〇］此條廣録成化本載於卷八。

［五一］道夫　成化本作「驤」。又，此條成化本載於卷八。

［五二］此條淳録成化本載於卷八。

［五三］日日　成化本無。

［五四］推　成化本爲「推出」。

［五五］此條僩録成化本斷爲三條分載於不同卷目下：「須是在己……方可」載於卷八；「三十年……不多」載於卷一百四；自「將那道理……微顯闡幽」載於卷七十六。

［五六］此條德明録成化本載於卷八。

［五七］儘有　成化本爲「儘入深儘有在」。

［五八］此條謙録成化本載於卷八。

［五九］然　成化本作「煞」。

［六〇］此條語録成化本載於卷一百十七。

［六一］若　成化本作「昔」。

［六二］南　成化本無。

［六三］人　成化本作「太」。

［六四］此條廣録成化本作爲小注載於卷一百三十二僩録中。

［六五］時舉問柳下惠爲士師……又因諸生請問不切　成化本爲「諸生請問不切」。

［六六］此條時舉録及其下兩條賀孫録、一條謨録，成化本皆載於卷一百二十一。

［六七］話 成化本無。
［六八］趙熊 成化本爲「遽然」。
［六九］一十便是一十 成化本爲「一寸便是一寸」。
［七〇］道夫 成化本作「驤」。
［七一］文 王本作「丈」。
［七二］此條賀孫録成化本載於卷一百二十。
［七三］此條及此下一條德明録，成化本皆載於卷八。
［七四］便是看義理難又要寬着這心不寬則不足以見其規模之大 成化本爲「便是看義理難又要寬着心又要緊着心這心不寬則不足以見其規模之大」。
［七五］義 成化本作「理」，下有小注曰：「一作『義』。」
［七六］倜 成化本無。
［七七］此條柄録成化本載於卷十三。
［七八］淳 成化本作「方子」。
［七九］不破 成化本爲「不破者」。
［八〇］成化本此下有「人傑」。
［八一］爲一説所礙 成化本爲「因一説相礙」。
［八二］大學 成化本無。
［八三］有 成化本爲「自有」。

［八四］不解恁地……没理會　成化本爲「不解恁地内直外便方正，是只了得自身已，遇事應物都顛顛倒倒没理會」。
［八五］商　成化本作「個」。
［八六］如説「仁能守之」……聖人見得盡處　成化本無。
［八七］待　成化本作「直」。
［八八］足　成化本作「踵」。
［八九］這却倒是夾雜，這却倒是私意　成化本爲「這倒是夾雜，倒是私意」。
［九〇］此條賀孫録成化本載於卷一百二十。
［九一］做個固好　成化本爲「做固好」。
［九二］道　成化本無。
［九三］只去理會　成化本無。
［九四］一　成化本無。
［九五］如　成化本爲「如是」。
［九六］明作　成化本無。又，此條明作録成化本載於卷一百十八。
［九七］管這五事　成化本爲「五事」。
［九八］德明　成化本作「從周」。又，此條語録成化本載於卷六十四。
［九九］有得透脱　成化本爲「看得透」。
［一〇〇］撥撥　成化本爲「潑潑」。

〔一〇一〕此條僩録成化本載於卷八。

〔一〇二〕知得　成化本無。

〔一〇三〕是　成化本爲「只是」。

〔一〇四〕此條成化本無。

〔一〇五〕纔　成化本無。

〔一〇六〕却　成化本作「都」。

〔一〇七〕劄　成化本無。此條語録成化本載於卷一百十七。

〔一〇八〕有　成化本作「又」。

〔一〇九〕此條廣録及此下人傑録成化本載於卷八。

〔一一〇〕恁　成化本無。

〔一一一〕似　成化本作「以」。

〔一一二〕廣　成化本爲「士毅略」。似當作「廣，士毅略」。

〔一一三〕言之　成化本作「言」。

〔一一四〕求　成化本作「來」。

〔一一五〕是　成化本無。

〔一一六〕此條大雅録成化本載於卷八。

〔一一七〕乎　成化本作「夫」。

〔一一八〕成化本此下有「人若以自修爲心，則舉天下萬物，凡有感乎前者，無非足以發吾義理之正。

善者固可師，不善者這裏便恐懼修省，恐落在裏面去，是皆吾師也」。又，此條夔孫録成化本載於卷三十四。

〔一一九〕此條蓋卿録成化本載於卷十二。

卷十

〔一〕此條過録成化本無，但卷十一載震録曰：「學者讀書須要斂身正坐，緩視微吟，虛心涵泳，切己省一作『體』。察。又云：『讀一句書，須體察這一句，我將來甚處用得。』又云：『文字是底固當看，不是底也當看；精底固當看，粗底也當看。』」

〔二〕越過　成化本爲「踰越」。

〔三〕無　成化本無。

〔四〕此條可學録成化本載於卷十一。

〔五〕生　成化本無。

〔六〕此條僩録成化本載於卷一百二十一。

〔七〕只有白紙無字處莫看　成化本爲「只在是白紙無字處莫有」。

〔八〕今　成化本作「合」。

〔九〕成化本此下有小注曰：「以下雜論。」

〔一〇〕以下論書所以明此心之理讀之要切己受用　成化本無。

〔一一〕人之生　成化本爲「人生」。

〔一二〕得　成化本無。

〔一三〕從周　成化本作「至」。

〔一四〕此條明作録與下一條方子録成化本載於卷十一。

〔一五〕者　成化本作「處」。

〔一六〕成化本此下有「師友只是發明得。人若不自句前，師友如何着得力」，末又有一「謙」字。「句前」之「句」當爲「向」之誤。

〔一七〕先止是致知　成化本爲「生知之聖，不待學而自至。若非生知，須要學問。學問之先止是致知」。

〔一八〕事　王本作「專」。

〔一九〕誠　成化本作「議」。

〔二〇〕許多久　成化本爲「許久」。

〔二一〕謙　成化本無，且此條語録載於卷一百十六。

〔二二〕知　成化本作「却」。

〔二三〕全在下工，更惟勉之　成化本無。

〔二四〕此條謙録成化本載於卷十四。

〔二五〕此條道夫録及此下淳録、寓録，成化本載於卷十一。

〔二六〕此條淳録成化本載於卷三十六，所載内容相差較多，其文曰：「至之問：『「好德如好色」，此即大學「如好好色」之意，要得誠如此。然集注載衛靈公事，與此意不相應，何也？』曰：『書不是恁地讀。除了靈公事，便有何發明？存衛靈公事在那上，便有何相礙？此皆没緊要。聖人當初只是恁地嘆未見好德如那好色者。自家當虚心去看，又要反求思量，自己如何便是好德，如何便是好色，方有益。若只管去校量他，與聖人意思愈見差錯。聖人言語，自家當如奴僕，只去隨他，教住便住，教去便去。而今却如與做師友一般，只去與他校，如何得？大學之説，自是大學之意；論語之説，自是論語之意。論語只是説過去，尾重則首輕，這一頭低，那一頭昂。大學是將兩句平頭説去，説得尤力。如何要合兩處意來做一説得？』」且此下有小注曰：「蜀録作『林一之問』，文少異。」

〔二七〕此條賀孫録成化本載於卷十一。

〔二八〕敢　成化本無。

〔二九〕成化本下有「如何切」。

〔三〇〕求　成化本作「來」。

〔三一〕此條履孫録及此下僩録成化本載於卷十一。

〔三二〕此條淳録及此下三條，成化本皆載於卷十一。

〔三三〕只　成化本無

〔三四〕某　成化本無。

〔三五〕都　成化本作「却」。

〔三六〕喚　成化本無。

〔三七〕卓老文　成化本爲「卓丈」。

〔三八〕某今　成化本無。

〔三九〕此條賀孫録成化本載於卷一百二十一。

〔四〇〕自家如何是禮自家如何是智　成化本爲「如何是禮如何是智」。

〔四一〕自家　成化本無。

［四二］固　成化本作「個」。
［四三］此條賀孫録與此下四條，成化本載於卷十一。
［四四］方子　成化本作「方」。
［四五］上句　成化本爲「上一句」。
［四六］此條道夫録成化本載於卷一百二十一。
［四七］成化本此下有「蓋卿」，且此條與此下三條，皆載於卷十一。
［四八］今世之　成化本無。
［四九］盡　成化本作「只」。
［五〇］以收放心去去讀書　成化本爲「以收放心却去讀書」。
［五一］但　成化本卷十一義剛録作「似」，據文意當作「似」。
［五二］此條淳録成化本無，但卷十一所載義剛録中以部分淳録内容作注曰：「淳録云：『那裏静，必做得工夫有長進處。只是歸來道死，不及叩之。』」
［五三］此條祖道録成化本載於卷十一。
［五四］此條季札録成化本無。但於卷十一所載賜録中以部分季札録作爲小注，其記曰：「庶幾心平氣和，可以思索義理。」
［五五］此條淳録成化本載於卷十一。
［五六］成化本此下有「有一等性鈍底人，向來未曾看，看得生，卒急看不出，固是病」，底本脱。
［五七］此條與下一條，成化本載於卷十一。

〔五八〕蓋卿同　成化本無。
〔五九〕个　成化本無。
〔六〇〕富　成化本作「當」。
〔六一〕倣　成化本作「放」。
〔六二〕此條方子録成化本無，但載佐録曰：「『誦數以貫之』，古人讀書亦必是記遍數，所以貫通也。又曰：『凡讀書且從一條正路直去。四面雖有好看處，不妨一看，然非是要緊。』」
〔六三〕以下論古人讀書有遍數　成化本無。
〔六四〕司馬　成化本無。
〔六五〕見處到　成化本爲「見到處」。
〔六六〕衢　成化本爲「衢亨」。
〔六七〕此條人傑録作爲小注，附於成化本卷十一㽦録尾。
〔六八〕水　成化本作「冰」。
〔六九〕此條淳録成化本載於卷十九。
〔七〇〕這一件　成化本無。
〔七一〕若此　成化本無。
〔七二〕模　成化本作「謨」。
〔七三〕傳聖駕將幸師成家……見諸史亦列卓上　底本影印有脱文，據成化本補。
〔七四〕此條賀孫録成化本載於卷十一。

〔七五〕而大人則多記不得者　成化本爲「大人多記不得者」。

〔七六〕都　成化本爲「都要」。

〔七七〕此條南升録成化本載於卷二十一，但内容差異較大，其文曰：「問：『集注：「三者之序，又以忠信爲本。」人若不誠實，便傳也傳個甚底？』言未畢，先生繼云：『習也習個甚底？』」

〔七八〕此條道夫録成化本載於卷十一。

〔七九〕此條人傑録成化本無，但卷十九載去僞録曰：「人讀書，不得攙前去，下梢必無所得。如理會論語，只得理會論語，不得存心在孟子。如理會里仁一篇，且逐章相挨理會了，然後從公冶長理會去，如此便是。」

〔八〇〕得　成化本無。

〔八一〕説　成化本作「讀」。

〔八二〕九十歲　成化本爲「卒歲」。

〔八三〕看　成化本無。

〔八四〕此條僩録成化本載於卷十一。

〔八五〕而後其節目　成化本爲「後其節目」，王本作「後其難者」。

〔八六〕格一物後　成化本爲「須格一物後」。

〔八七〕道夫　成化本作「讓」，王本作「驤」，且此條語録載於卷九十七。

〔八八〕木之　成化本無。

〔八九〕却又牽一處來衮同説著少間愈無理會處　成化本爲「却又牽一處來□□□□□□無理會處」，其間有五個字的空缺。王本爲「却又牽一處來衮同説少間愈無理會處」。

〔九〇〕將　成化本無。

〔九一〕木之　成化本無，且此條語録載於卷五十六。

〔九二〕把　成化本作「拖」。

〔九三〕此條營録成化本載於卷十一。

〔九四〕遍　成化本作「邊」。

〔九五〕是甜　成化本爲「是甜是苦」。

〔九六〕沾　成化本作「治」。

〔九七〕沽　成化本作「沾」。

〔九八〕許多工夫　成化本爲「費許多工夫」。

〔九九〕工夫　成化本作「矣」。

〔一〇〇〕工夫　成化本無。

〔一〇一〕此條語録成化本載於卷一百十八。

〔一〇二〕常常　成化本作「常」。

〔一〇三〕此條義剛録成化本載於卷二十。

〔一〇四〕此條賀孫録成化本載於卷十一。

〔一〇五〕使　成化本作「便」。

〔一〇六〕此條時舉録成化本載於卷十一。

〔一〇七〕又不浹洽　成化本爲「又易得不浹洽」。

〔一〇八〕自　成化本無。

〔一〇九〕淳　成化本無，且此條語録載於卷一百十七。

〔一一〇〕精舍朋友退……顧義剛云　成化本爲「顧義剛云」。

〔一一一〕但當時　成化本作「須時」。

〔一一二〕只管恁地……説不得　成化本爲「只管恁地久後自解曉得這須是自曉也十分着説不得」。

〔一一三〕此條語録成化本載於卷四十四。

卷十一

〔一〕義剛同　成化本爲「以下讀諸經法」。

〔二〕問如先生所言推求經義　底本闕，據成化本補。

〔三〕成化本合此條與下條爲一條，作大雅録。

〔四〕又問　成化本此前有「次日」。

〔五〕誨力行曰　成化本無。

〔六〕他　成化本無。

〔七〕此條賀孫録成化本載於卷一百二十一。

〔八〕要　成化本無。

〔九〕懇　成化本作「舉」。

〔一〇〕人　成化本無。

〔一一〕此條僴録成化本載於卷十九。

〔一二〕我　成化本無。

〔一三〕高祖　底本闕，據成化本補。

〔一四〕任使　成化本爲「善任使」。

〔一五〕方得　成化本爲「始得」。

［一六］此條僩録及下條時舉録，成化本載於卷一百二十一。
［一七］此條節録及此下三條語録，成化本皆載於卷十。
［一八］蜚卿　成化本爲「伯羽」。
［一九］須着力子細看上別無他術　成化本爲「須着力子細看工夫只在子細看上別無術」。
［二〇］此條季札録成化本載於卷六十。
［二一］此條方子録成化本無，但卷十載佐録曰：「『誦數以貫之。』古人讀書亦必是記遍數，所以貫通也。又曰：『凡讀書且從一條正路直去。四面雖有好看處，不妨一看，然非是要緊。』」
［二二］方尋道理透　成化本爲「方尋得道理透徹」。
［二三］見　成化本爲「看見」。
［二四］此條植録及此下二條，成化本皆載於卷十。
［二五］學者之患　成化本爲「學者所患」。
［二六］須看那處有礙　成化本爲「真理會得底固不可忘真理會不得底須看那處有礙」。
［二七］蜚卿　成化本爲「伯羽」。
［二八］此條語録成化本無。
［二九］不解　成化本爲「不曾」。
［三〇］陳淳同　成化本無，且此條語録載於卷十。
［三一］意思　成化本爲「私意」。
［三二］此條道夫録及此下一條，成化本載於卷十。

［三三］亦　成化本作「自」。
［三四］蓋蓄積者多忽然爆開　成化本爲「蓋蓄積多者忽然爆開」。
［三五］按萬人傑録同而略今附云　成化本爲「人傑録云」。
［三六］考　成化本作「窮」。
［三七］此條賀孫録成化本載於卷十。
［三八］政　成化本作「正」。
［三九］此條廣録成化本載於卷十。
［四〇］方子甘節同　成化本作「節」。
［四一］少　成化本無。
［四二］成化本此下有「僩」。
［四三］士毅　成化本爲「夔孫」。
［四四］此條蔓孫録成化本無。
［四五］物　成化本爲「物色」。
［四六］此條廣録及以下五條，成化本皆載於卷十。
［四七］見　成化本作「要」。
［四八］自　成化本無。
［四九］夜來所説是終身規模不可便要使有安頓　成化本無。
［五〇］是　成化本作「在」。

[五一]　人　成化本爲「凡人」。

[五二]　此條銖録成化本無，但於卷十、卷十一分別載有兩條時舉録，其中卷十載曰：「看文字須要入在裏面猛衮一番。要透徹，方能得脱離。若只略略地看過，恐終久不能得脱離，此心又自不能放下也。」卷十一所載與「潘時舉録云」以下内容相同。

[五三]　讀書者當將此身葬在此書中　成化本此前有「因誨郭兄云」。

[五四]　我也不管　成化本此下有「只恁一心在書上」。

[五五]　某　成化本作「人」。

[五六]　字字與他看過　成化本此下有「不惟念得正文注字，要自家暗地以俗語解得方是」。

[五七]　本文　成化本爲「念本文」。

[五八]　如何會曉　成化本爲「如何曉得」。

[五九]　倜　成化本爲「卓倜同」，且此條語録載於卷一百十六。

[六〇]　大凡　成化本無。

[六一]　不欲　成化本爲「如不欲」。

[六二]　道　成化本作「過」。

[六三]　看一遍了　成化本爲「看了一遍」。

[六四]　此條方子録及此下五條，成化本載於卷十。

[六五]　知　成化本爲「知道」。

[六六]　而今　成化本無。

［六七］僩　成化本作「間」。
［六八］此條道夫録成化本載於卷一百十八。
［六九］此條去僞録成化本載於卷九。
［七〇］開　成化本作「闢」。
［七一］此條僩録及此下方子録，成化本載於卷十。
［七二］書　成化本作「得」。
［七三］漫　成化本作「謾」。
［七四］此條方子録成化本作兩條分載兩處：「讀得通貫後，義理自出」載於卷十；「今人爲學多只是漫，且恁地不曾真實肯做」載於卷八。
［七五］説　成化本爲「説話」。
［七六］此條賀孫録及以下五條，成化本載於卷十。
［七七］成化本此下有「都一似自己言語」。
［七八］惟　成化本作「推」。
［七九］他　成化本作「也」。
［八〇］捻　成化本爲「捻合」。
［八一］他　成化本無。
［八二］讀書　成化本爲「讀書者」。
［八三］其　成化本無。

［八四］文義　成化本爲「文義外」。據文意似當爲「文義外」。

［八五］成化本此下有小注曰：「以下論看注解。」

［八六］意　成化本爲「意見」。

［八七］成化本此下有小注曰：「饒本作『替地』。」

［八八］公謹　成化本爲「學蒙」。

［八九］字　成化本爲「字在」。

［九〇］故可讀　成化本爲「却好看」。

［九一］大雅　成化本此下有小注曰：「以下附論解經。」

［九二］成化本此下有「泳」。

［九三］成化本此下有小注曰：「必大録此下云：『古人似未嘗理會文義。今觀其説出底言語，不曾有一字用不當者。』」

［九四］兮　成化本作「方」。

［九五］子夏　王本爲「子張」。據論語子張：「子張曰：『執德不弘，信道不篤，焉能爲有？焉能爲亡？』」「子夏」或爲朱熹口誤，或爲周謨筆誤所致。

［九六］以寬説弘字　成化本爲「以寬大訓弘字」。

［九七］成化本此下有小注曰：「論著書。」

［九八］成化本此下有小注曰：「論編次文字。」

［九九］水以溉田也其涸　底本闕，據成化本補。成化本且下有小注曰：「以下讀史。」

〔一〇〇〕一　成化本作「二」。
〔一〇一〕道夫　成化本無。
〔一〇二〕如　成化本作「無」。
〔一〇三〕道夫心疑之　成化本無。
〔一〇四〕道夫　成化本無。
〔一〇五〕封　成化本作「封」。
〔一〇六〕則　成化本無。
〔一〇七〕事　成化本爲「大事」。
〔一〇八〕楊至之云先生言　成化本無。
〔一〇九〕淳義剛同　成化本爲「義剛」。
〔一一〇〕四　成化本作「五」。
〔一一一〕陳淳録同　成化本無。
〔一一二〕相　成化本無。
〔一一三〕因　成化本作「來」。
〔一一四〕羅密　成化本爲「羅浮山」。
〔一一五〕成化本此下有小注曰：「淳録云：『那裏静，必做得工夫有長進處。只是歸來道死，不及叩之。』」
〔一一六〕道　成化本無。

卷十二

〔一〕一着　成化本爲「看一看」。

〔二〕蜚卿　成化本爲「伯羽」。

〔三〕蜚卿　成化本爲「伯羽」。

〔四〕成化本此下有小注曰：「一作『如何做得事成』。」

〔五〕此條泳録成化本無。

〔六〕卒下　成化本爲「卒乍」。

〔七〕屋下　成化本無。

〔八〕此條賀孫録成化本載於卷九。

〔九〕存　成化本作「持」。

〔一〇〕無狀　成化本爲「無狀底」。

〔一一〕求放心　成化本爲「求其放心」。

〔一二〕此條人傑録成化本載於卷五十九。

〔一三〕此條卓録成化本無。

〔一四〕有　成化本爲「令有」。

〔一五〕收斂　成化本爲「若收斂」。

〔一六〕則久而於物欲上自輕　成化本爲「則久久自於物欲上輕」。
〔一七〕自　成化本無。
〔一八〕則見義理必端的　成化本爲「如秤令有低昂即見得義理自端的」。
〔一九〕間　成化本爲「之間」。
〔二〇〕又曰　成化本無。
〔二一〕是　成化本無。
〔二二〕又　成化本無。
〔二三〕此條銖録成化本分爲兩條，載於不同卷目：「學者爲學……亦何益」載於卷十二，而「子張學干禄一章……何暇有干禄之心耶」載於卷二十四。
〔二四〕收　成化本爲「收拾」。
〔二五〕便　成化本作「使」。
〔二六〕在　成化本作「有」。
〔二七〕□□　闕二字，成化本同。
〔二八〕爲　成化本爲「但爲」。
〔二九〕揍　成化本作「湊」。
〔三〇〕崖　王本作「涯」。
〔三一〕三二　成化本爲「一一」，王本爲「一二」。
〔三二〕病　成化本作「患」。

［三三］成化本此下有「逍遥」，且此條載於卷八。
［三四］蜚卿　成化本爲「伯羽」。
［三五］按士毅録同而略今附云　成化本爲「士毅録云」。
［三六］决　成化本作「法」。
［三七］白　成化本作「自」。
［三八］此條成化本載於卷一百二十六。
［三九］此　成化本無。
［四〇］成化本此下有小注曰：「以下論敬。」
［四一］以敬　成化本無。
［四二］淳　成化本作「浩」。
［四三］聞　成化本作「間」。
［四四］而　成化本作「面」。
［四五］着　成化本爲「方着」。
［四六］而　成化本作「面」。
［四七］成化本此下有「見他人做得是便道是，做得不是便知不是，何嘗不光明」。
［四八］二先生　成化本無。
［四九］今之人爲學　成化本爲「人之爲學」。
［五〇］道夫　成化本作「驤」。

［五一］明天理　成化本爲「教人明天理」。
［五二］成化本此下有「得」。
［五三］收　成化本作「求」。
［五四］須　成化本作「便」。
［五五］成化本此下有「方子。拱壽同」，且此條載於卷六。
［五六］蜚卿　成化本爲「伯羽」。
［五七］邪侈放僻　成化本爲「放僻邪侈」。
［五八］自　成化本無。
［五九］類説　成化本爲「數語」。
［六〇］蔡　成化本無。
［六一］敬　成化本無。
［六二］識　成化本爲「乃識」。
［六三］大　成化本作「夫」。
［六四］陳後之　成化本爲「陳人之」，王本爲「陳一之」。
［六五］他　成化本作「但」。
［六六］寓問……是敬對和而言否　成化本無。
［六七］此條寓録成化本作爲小注，載於卷二十二。
［六八］此條德明録成化本無。

［六九］此條廣録成化本載於卷九十六。

［七〇］看來　成化本無。

［七一］看來須是静坐始能收斂　成化本爲「蓋精神不定則道理無湊泊處又云須是静坐始能收斂」。

［七二］方子　成化本作「佐」，且此下有小注曰：「以下論静。」

［七三］自　成化本作「且」。

［七四］今且説那營營底心會得與道理相入否會得與聖賢之心相契否　成化本爲「今且説那營營底心會與道理相入否會與聖賢之心相契否」。

［七五］此條祖道録成化本載於卷六十二。

卷十三

〔一〕成化本此下有小注曰：「以下踐行。」

〔二〕話　成化本作「説」。

〔三〕將　成化本無。

〔四〕賓　成化本爲「大賓」。

〔五〕此條賀孫録及下條，成化本皆載於卷一百二十一。

〔六〕看聖人是要見甚麽様人　成化本爲「聖人」。

〔七〕此條賀孫録成化本載於卷一百二十一。

〔八〕不可　成化本爲「固然是」。

〔九〕且　成化本爲「又且」。

〔一〇〕且未可説　成化本爲「何嘗便説」。

〔一一〕此條季札録成化本無。

〔一二〕某人言先生以天理人欲如硯子　成化本爲「先生言天理人欲如硯子」。

〔一三〕一　成化本無。

〔一四〕是否　成化本無。

〔一五〕因説天理人欲　成化本無。

〔一六〕成化本此下有小注曰：「以下理欲、義利、是非之辨。」
〔一七〕節　成化本無。
〔一八〕雖是人欲之中亦自有天理　成化本爲「雖是人欲人欲中自有天理」。
〔一九〕持養之説言之則一言可盡行之則終身不窮　成化本無。
〔二〇〕一心　成化本爲「此一心」。
〔二一〕方　成化本無。
〔二二〕此條儒用録成化本無。
〔二三〕成化本此下有小注曰：「儒用略。」
〔二四〕爲賢爲聖　成化本爲「爲聖爲賢」。
〔二五〕到　成化本無。
〔二六〕伴　成化本作「畔」。集韻釋「伴」曰：「伴仟相拒。」
〔二七〕看　成化本無。
〔二八〕少　成化本作「小」。
〔二九〕陳材卿　成化本爲「才卿」。
〔三〇〕且須先做了一個子一個子既成便只就這一個上理會　成化本爲「且須先做了不子不子既成便只就這不子上理會」，王本作「且須先做了本子本子既成便只就這本子上理會」。
〔三一〕須　成化本無。
〔三二〕成化本此下有小注曰：「人傑録云：『似一柄快刀相似。』」

［三三］成化本此下有「祖道」，且此條語録載於卷六。

［三四］譬如處一家事爲善置惡　成化本爲「譬如處一家之事取善舍惡又如處一國之事取得舍失」。

［三五］處天下事進賢退不肖蓄疑而不決則終不成　成化本爲「處天下之事進賢退不肖蓄疑而不決者其終不成」。

［三六］先難後獲　成化本爲「學固不爲謀禄然未必不得禄如耕固不求餒然未必得食雖是如此然君子之心却只見道不見禄如先難後獲」。

［三七］心　成化本爲「睹當」，王本作「睹當」。

［三八］此條閎祖録成化本載於卷四十五。

［三九］此條節録成化本無。

［四〇］我　成化本作「吾」。

［四一］又却只見人好色都不去好德　成化本無。

［四二］如何不好德却不欲仁却只好色　成化本爲「如何不欲仁却欲利禄如何不好德却只好色」。

［四三］此條㽦録成化本載於卷三十四。

［四四］如舜去四凶是公心　成化本無。

［四五］此條節録成化本無。

［四六］别爲思量　成化本爲「爲别思量」。

［四七］一　成化本作「二」。

［四八］語　成化本作「話」。

〔四九〕惟　成化本作「堆」，王本作「須」。

〔五〇〕須大着力　成化本爲「大着力」。

〔五一〕自此　成化本爲「自然」。

〔五二〕做不得是時　王本爲「做得不是處」。

〔五三〕大抵　成化本無。

〔五四〕此條成化本載於卷一百十八，且無「明作」。

〔五五〕此條謨録成化本載於卷十二。

〔五六〕此條道夫録成化本無。

〔五七〕得　成化本作「它」，王本作「他」。

〔五八〕成化本此下有小注曰：「以下係人倫。」

〔五九〕曉得　成化本作「曉得底」。

〔六〇〕持守　成化本爲「扶持」。

〔六一〕成化本此下有小注曰：「僩同。」

〔六二〕又問易聖人參天地而兩之云云　成化本爲「問聖人兼三才而兩之」。

〔六三〕大宗師篇　成化本無。

〔六四〕成化本此下有小注曰：「僩録此下云：『須一一與它盡得。』」

〔六五〕易木條僩録同　成化本爲「僩同」。

〔六六〕此條榦録成化本載於卷九，其文曰：「王子充問：『某在湖南，見一先生只教人踐履。』曰：『義理不明，如何踐履？』曰：『他説行得便見得。』曰：『如人行路，不見，便如何行。今人多教人踐履，皆是自立標致去教人。自有一般資質好底人，便不須窮理、格物、致知。聖人作個大學，便使人齊入於聖賢之域。若講得道理明時，自是事親不得不孝，事兄不得不弟，交朋友不得不信。』」底本將此條語録分載兩處，除本條語録外，卷九載曰：「王子充又問曰：『某在湖南見一先生只教人踐履。』先生曰：『義理不明，如何踐履？』王云：『他説行得便見得。』先生曰：『如人行路，不見，便如何行。』」

［六七］陳　成化本無。

［六八］凡此類皆是　成化本作「此皆」。

［六九］皆　成化本爲「皆是」。

［七〇］皆　成化本無。

［七一］執　成化本爲「執之」。

［七二］成化本此下有「後來厭之，視日景之斜，惟恐其不去」。

［七三］臣　成化本爲「大臣」。

［七四］至　成化本作「有」。

［七五］霍氏　成化本爲「霍光」。

［七六］事事必躬　成化本爲「事必躬親」。

［七七］王氏　成化本爲「王莽」。

［七八］而　成化本無。

［七九］此條義剛録成化本載於卷一百十二。

［八〇］天下　成化本無。
［八一］佚　成化本爲「自佚」。
［八二］非是　成化本爲「是非」。
［八三］無　成化本爲「無有」。
［八四］以　成化本作「而」。
［八五］刑人　成化本無。
［八六］得　成化本爲「得到」。
［八七］此條文蔚録成化本載於卷七。
［八八］道夫　成化本作「驤」。
［八九］不　成化本無。
［九〇］此條賀孫録成化本載於卷一百三十八。
［九一］此條淳録成化本無。
［九二］此條可學録成化本載於卷一百十八。
［九三］成化本此下有「閎祖」。
［九四］次年在臨江道中……不審應舉之法當如何　成化本爲「譚兄問作時文」。
［九五］成化本此下有「而徑來見先生。先生曰：既是父要公習舉業，何不入郡學？日則習舉業」。
［九六］可學　成化本作「淳」。
［九七］此條道夫録及此下兩條，成化本皆載於卷一百十八。

［九八］求進　成化本爲「應舉」。
［九九］可　成化本作「能」。
［一〇〇］爲心不定　底本闕，據成化本補。
［一〇一］道夫　成化本作「驤」。
［一〇二］志　底本闕，據成化本補。
［一〇三］做　成化本作「故」。
［一〇四］放　成化本作「教」。
［一〇五］此條成化本作爲小注，載於卷一百十八。
［一〇六］成化本此下有小注曰：「今按自暴謂粗暴。及再問，所答不然。」
［一〇七］一書　成化本無。
［一〇八］廉義是題目上合説　成化本爲「廉是題目上合説廉義是題目上合説義」。
［一〇九］又曰　成化本無。
［一一〇］成化本此下有小注曰：「以下論科舉之學。」
［一一一］音□　成化本無。闕字未詳。
［一一二］王猛事苻堅煞有事節苻堅之兄乃其謀殺之　成化本無。
［一一三］先生問謙云　成化本爲「問謙」。
［一一四］謙對云　成化本作「曰」。
［一一五］謙　成化本無，且此條載於卷一百十六。

[一一六] 成化本此下有小注曰：「以下雜論立心處事。」

[一一七] 此害事　成化本作「此等事」。據其下文「似此迫切，却生病痛」，似當作「此害事」。

[一一八] 人傑　成化本無，且此條載於卷一百十五。

[一一九] 問　成化本作「説」。

[一二〇] 所　成化本無。

[一二一] 凡避嫌之事皆内不足也　成化本爲「避嫌之事」。

[一二二] 回　成化本作「如」。

[一二三] 苟　成化本無。

[一二四] 則世人之態多非忠厚恐久之淪於流俗而不自覺　成化本無。

[一二五] 則又恐近於愚而流爲兼愛　成化本無。

[一二六] 此條賀孫録成化本載於卷一百二十一。

[一二七] 脚根　成化本爲「根脚」。

[一二八] 界分　成化本爲「界限」。

[一二九] 重輕　成化本爲「輕重」。

[一三〇] 睹　成化本作「睹」。

[一三一] 因説貧曰　底本闕，據成化本補。

[一三二] 皆　成化本無。

卷十四

〔一〕大學　成化本爲「大學一」，目録亦同。

〔二〕先生問……因言　成化本無。

〔三〕次孟子次論語　成化本爲「次論語次孟子」，他録亦同。

〔四〕熟耕將去　成化本爲「亦在乎熟之而已」。

〔五〕人傑去僞同　成化本爲「去僞人傑同」。

〔六〕實　成化本爲「實着」。

〔七〕須　成化本無。

〔八〕只　成化本無。

〔九〕成化本此下有「廣録云：『後面其失亦漸輕，只是下揩磨底工夫在。』」

〔一〇〕却　成化本作「都」。

〔一一〕底　成化本無。

〔一二〕古人若是小學之時　成化本爲「古人小學時」。

〔一三〕成化本下有「如仁必有所以爲仁者，敬必有所以爲敬者」。

〔一四〕於　成化本無。

〔一五〕亦曰格物致知　成化本爲「亦喚做格物致知得」。

［一六］是　成化本無。

［一七］人　成化本無。

［一八］池本止此　成化本無。

［一九］因云　成化本無。

［二〇］此條賀孫録成化本分爲兩條，載於不同卷目：「謂任道弟讀大學……漢之經學所以有用」載於卷十四；「余正甫前日……方得口合」載於卷九十。

［二一］讀大學且逐段啀將去似得無面底　成化本爲「讀大學且逐段崖看這段時似得無後面底」。

［二二］此　成化本作「何」。

［二三］意思　成化本爲「思量」。

［二四］使　成化本爲「能使」。

［二五］要處　成化本爲「要害處」。

［二六］這　成化本無。

［二七］如此　成化本爲「爲此」。

［二八］此條大雅録成化本載於卷十六。

［二九］止　成化本無。

［三〇］時　成化本無。

［三一］答問　成化本爲「或問」。

［三二］其答問中皆是辨諸家説恐未必是　成化本爲「其或問中皆是辨諸家説恐未必是」。王本爲「其或問

中皆是辨諸家説理未必是」。

［三三］解　成化本無。

［三四］解　成化本空缺。

［三五］却　成化本無。

［三六］他　成化本無。

［三七］夜令敬之讀大學序……天如何命之　成化本爲「問天必命之以爲億兆之君師天如何命之」。

［三八］及　成化本作「反」。

［三九］大學章句序中言　成化本無。

［四〇］大學序　成化本無。

［四一］其　成化本作「爲」。

［四二］若　底本闕，據成化本補。

［四三］成化本此下有小注曰：「以下『明明德』。」

［四四］此條德明録成化本無。

［四五］恪　成化本作「節」，且此條節録載於卷六。

［四六］賀孫　成化本無。

［四七］須知　成化本無。

［四八］成化本此下有小注曰：「按：注是舊本。」

［四九］驤　成化本無。

[五〇] 端容　成化本爲「端己斂容」。
[五一] 則　成化本作「即」。
[五二] 蓋卿同　成化本無。
[五三] 大學　成化本無。
[五四] 夔孫同　成化本無。
[五五] 明德是指全體之妙下面許多節目皆是靠明德做去　成化本無。
[五六] 大學之道在　成化本無。
[五七] 與　成化本作「具」。
[五八] 我　成化本作「個」。
[五九] 羞惡是非辭遜惻隱　成化本爲「惻隱羞惡辭讓是非」。
[六〇] 有　成化本作「是」。
[六一] 了　成化本作「起」。
[六二] 明德章句　成化本無。
[六三] 如説羞惡是非惻隱辭遜　成化本爲「如適來説惻隱羞惡辭讓是非」。
[六四] 亦有子而不從父之令者而孔子之意却以爲不孝　成化本爲「孔子却以爲不孝」。
[六五] 然　成化本無。
[六六] 便　成化本作「方」。
[六七] 着　成化本無。

［六八］有　成化本作「好」。

［六九］到着他日做處全相反　成化本爲「到他自做處全相反」。

［七〇］今日所見又是一人了　成化本作「今日所行又是一人」。

［七一］也是見不精確　成化本爲「是見不真確」。

［七二］稱實　成化本爲「你實」。

［七三］成化本此下有小注曰：「燾録別出。」

［七四］夔孫　成化本作「僩」。

［七五］或問所改大學章句……今改本又云　成化本作「問」。

［七六］成化本此下有「寓」。

［七七］是在新民　成化本为「是以禮新民」。

［七八］道夫　成化本作「驤」。

［七九］這　成化本作「此」。

［八〇］不知識是何心見是何性　成化本爲「不知是識何心是見何性」。

［八一］此條德明録成化本載於卷十七。

［八二］成化本此下有小注曰：「以下止至善。」

［八三］章句中解「止」字云　成化本無。

［八四］而　成化本作「則」。

［八五］在止於至善向承見教　成化本爲「止於至善向承教」。

〔八六〕孔子　成化本無。

〔八七〕只是如此　成化本爲「只是要如此」。

〔八八〕是　成化本作「自」。

〔八九〕存心養性以事天……池本此又作一條　成化本無。

〔九〇〕道　成化本作「人」。

〔九一〕此條語録成化本分爲兩條，載於不同卷目：「大學只前面三句是綱領……肆便不敬」取自明德所録，載於卷十四；「君子所過者化……横渠説却是兩截」載於卷六十。

〔九二〕問　成化本爲「或問」。

〔九三〕銖　成化本無。成化本與下文相連作爲一條，董銖所記。底本此處雖注有「銖」，然此下「又曰……須是止於那極至處」未另取一行。

〔九四〕成化本此下有小注曰：「以下明德止至善。」

〔九五〕主　成化本作「止」。

〔九六〕所謂　成化本無。

〔九七〕敬慈孝　成化本爲「仁敬慈孝」。

〔九八〕他　成化本無。

〔九九〕善　成化本作「書」。

〔一〇〇〕成化本此下有小注曰：「此條所録恐有誤。」

〔一〇一〕成化本此下有小注曰：「以下明德、新民、至善。」

〔一〇二〕大學　成化本無。
〔一〇三〕亦　成化本作「必」。
〔一〇四〕做　成化本無。
〔一〇五〕方徐作亦字是仁　成化本作「亦是仁」。
〔一〇六〕成化本下有「至善只是些子恰好處」。
〔一〇七〕徐本有好字　成化本無。
〔一〇八〕録　成化本無。
〔一〇九〕而此等德　成化本無。
〔一一〇〕存　成化本作「有」。
〔一一一〕要　成化本爲「須是要」。
〔一一二〕底　成化本作「地」。
〔一一三〕成化本此下有小注曰：「知止、定、静、安、慮。」又，此條賀孫録成化本分爲兩條：「明德、新民……止於極至處」爲一條；「知止而後有定……如何是能慮」另爲一條。皆載於卷十四。
〔一一四〕而後　成化本無。
〔一一五〕都是　成化本無。
〔一一六〕做　成化本爲「做工夫」。
〔一一七〕又曰　成化本無。
〔一一八〕上聲　成化本無。

〔一一九〕成化本此下有：「又曰：『這道理無他，只怕人等待。事到面前便理會得去做，無有不得者。只怕等待，所以説：「需者，事之下也。」』又曰：『「需者，事之賊也。」若是等待，終誤事去。』又曰：『事事要理會。便是人説一句話，也要思量他怎生如此説；做一篇没緊要文字，也須思量他怎生如此做。』」王本略有不同：「又曰：『這道理無它，只怕人等待。事到面前，便理會得去做，無有不得者。只怕等待，所以説：「需者，事之賊也。」』又曰：『「需者，事之賊也。」若是等待，終誤事去。』又曰：『事事要理會。便是人説一句話，也要思量他怎生如此説；做一篇没緊要文字，也須思量他怎生如此做。』」

〔一二〇〕定静之説　成化本無。

〔一二一〕定而後能静　成化本無。

〔一二二〕今本無之　成化本無。

〔一二三〕如君安君位以行君之道臣安臣位以行臣之道之類否　成化本無。

〔一二四〕此條成化本無。

〔一二五〕義剛　成化本無。

〔一二六〕得　成化本無。

〔一二七〕方解去區處得穩當　成化本爲「方解去區處方解穩當」。

〔一二八〕自　成化本作「而」。

〔一二九〕至了及　底本闕，據成化本補。

〔一三〇〕以下安而後能慮　成化本爲「安慮」。

〔一三一〕問止而後有定……不審此一句如何　成化本爲「問安而後能慮」。

〔一三二〕如　成化本作「知」。

〔一三三〕以下止得安慮　成化本無。

〔一三四〕淳　成化本此下有小注曰：「得。」又，此條成化本分爲兩條：「問静而後能安……那裏坐也坐不得」載以徐寓所録；「問到能得處……不止是要了自家一身」載以陳淳所録。皆載於卷十四。

〔一三五〕大學　成化本無。

〔一三六〕此　成化本無。

〔一三七〕竊謂先生於此一段詞義欲望加詳數語使學者曉然易知　成化本爲「先生於此段詞義望加詳數語使學者易曉」。

〔一三八〕成化本此下有小注曰：「定、静、安。」

〔一三九〕大學中　成化本無。

〔一四〇〕成化本此下有「畚」。

〔一四一〕如　成化本無。

〔一四二〕便　成化本無。

〔一四三〕如　成化本無。

〔一四四〕且　成化本無。

〔一四五〕過　成化本無。

〔一四六〕多　成化本無。

〔一四七〕而今　成化本無。

〔一四八〕處　成化本爲「處置」。

〔一四九〕成化本此下有小注曰：「寓同。」

〔一五〇〕子升兄問……問知止能慮之别　成化本爲「子升問知止能慮之别」。

〔一五一〕兄　成化本無。

〔一五二〕只是分個知與得　成化本爲「又曰只是分個知與得」。

〔一五三〕士　底本闕，據成化本補，且下有小注曰：「知、得。」

〔一五四〕此條履孫録成化本無。

〔一五五〕此條節録成化本無。

〔一五六〕銖　成化本無。疑「陳子安問……便是工夫」本爲董銖所録，而此下「又曰……須是止那極至處」則爲董銖所記另一條語録。

〔一五七〕及至　成化本無。

〔一五八〕知止至慮而後能得　成化本爲「知止至能得」。

〔一五九〕先生　成化本無。

〔一六〇〕題　成化本作「提」。

〔一六一〕更　成化本無。

〔一六二〕成化本此下有小注曰：「知止至能得。」

〔一六三〕知止只是先知得事理如此便能静能安及到事至物來乃能慮慮之審而後能得　成化本爲「知止只是先知得事理如此便有定能静能安及到事至物來乃能慮能字自有意思謂知之審而後能慮慮之審而後能得」。

［一六四］開　成化本無。

［一六五］是　成化本無。

［一六六］之　成化本無。

［一六七］之　成化本無。

［一六八］之　成化本無。

［一六九］帖　成化本作「怗」。

［一七〇］有　成化本無。

［一七一］問大學……自能如此　成化本無。

［一七二］之類　成化本無。

［一七三］當　成化本無。

［一七四］黑　成化本爲「便黑」。

［一七五］此條人傑録成化本載於卷十五。

［一七六］此條蓋卿録成化本無。

［一七七］大學　成化本無。

［一七八］而後　成化本無。

［一七九］是　成化本無。

［一八〇］恪　成化本作「節」。此條語録成化本載於卷六，且在底本此卷中重複出現。

［一八一］此條履孫録及此下四條，成化本皆不載。

卷十五

［一］大學　成化本爲「大學二」。

［二］這便是要　成化本爲「便是」。

［三］得　成化本無。

［四］合如此　成化本無。

［五］都　成化本無。

［六］按卓録略云　成化本爲「卓録云」。

［七］者　成化本無。

［八］者　成化本無。

［九］一　王本作「二」。

［一〇］徐　成化本無。

［一一］成化本此下有「卓」。

［一二］此條賀孫録與上一條語録，成化本皆載於卷九。

［一三］得　成化本作「到」。

［一四］多　成化本無。「多」下似脱「少」字。

［一五］淳　成化本無，且此條載於卷一百十七。

〔一六〕四面八達格　成化本爲「四方八面去格」。

〔一七〕成化本此下注曰：「以下格物，兼論窮理。」

〔一八〕個　成化本無。

〔一九〕鄭　成化本無。

〔二〇〕淳按寓録同　成化本作「寓」。

〔二一〕成化本此下注曰：「砥録作『皆是自然底道理』。」

〔二二〕成化本此下注曰：「砥録略。」

〔二三〕如居處便須驗得敬與不敬　成化本爲「如居處便須驗得恭與不恭執事便須驗得敬與不敬」。

〔二四〕義以方外　成化本爲「能『義以方外』」。

〔二五〕問格物致知　成化本爲「劉圻父説格物致知」。

〔二六〕夔孫……在格物　成化本爲「義剛」。

〔二七〕致知可至　成化本爲「知可致」。

〔二八〕修持　成化本爲「修治」，且「治」下有一小字注「平」。

〔二九〕成化本此下注曰：「按『修治』字疑。」蓋因疑「修治」有誤，故於「修治」下注一「平」字。

〔三〇〕被别人　成化本爲「别被人」。

〔三一〕難理會底理會不得　成化本爲「若難理會底便理會不得」。

〔三二〕道夫　成化本作「驤」。

〔三三〕成化本此下有「道夫」，其後注曰：「以下致知、格物。」

［三四］一説　成化本無。

［三五］此意頗切當　成化本無。

［三六］渠作按物　成化本爲「渠作接物」。考朱子全集卷四十四答江德功：「訓『格物』以『接物』，則於究極之功有所未明。」其下又注曰：「人莫不與物接，但或徒接而不求其理，或粗求而不究其極，是以雖與物接而不能知其理之所以然與其所當然也。……且考之他書，『格』字亦無訓『接』者。」以此反推，則是江德功曾以「接物」訓「格物」。

［三七］嘗見南軒……更乞指教　成化本無。

［三八］萬物　成化本爲「萬物萬事」。

［三九］則　成化本作「只」。

［四〇］問　成化本爲「陳問」。

［四一］做得來易耶　成化本爲「做得來恐易」。

［四二］易　成化本無。

［四三］但勘驗一過　成化本爲「略略恁地勘驗一過」。

［四四］不要學　成化本爲「不用學」。

［四五］不　成化本作「没」。

［四六］淳　成化本作「寓」。

［四七］成化本此下注曰：「以下物格。」

［四八］謂　成化本爲「所謂」。

〔四九〕成化本此下注曰：「寓録别出。」

〔五〇〕成化本此下注曰：「以下知至。」

〔五一〕看　成化本作「着」。

〔五二〕傍　成化本作「旁」。

〔五三〕自信　成化本爲「自肯自信」。

〔五四〕成化本此下注曰：「以下物格、知至。」

〔五五〕李　成化本無。

〔五六〕多　成化本作「雖」。

〔五七〕爲　成化本作「語」。朱熹論語集注卷一學而「人不知而不愠，不亦君子乎」注曰：「愚謂及人而樂者順而易，不知而不愠者逆而難，故惟成德者能之。然德之所以成，亦曰學之正、習之熟、説之深，而不已焉。程子曰：『樂由説而後得，非樂不足以語君子。』」

〔五八〕子　成化本無。

〔五九〕成化本此下注曰：「以下論格物、致知、誠意是學者之關。」

〔六〇〕此條自修録成化本無。

〔六一〕問尋常……願請教　成化本無。

〔六二〕成化本此下有小注曰：「致知、誠意。」

〔六三〕閎祖録上一條同以下論誠意　成化本無。

〔六四〕此條閎祖録成化本載於卷一百二十六。

［六五］成化本此下注曰：「以下意誠。」

［六六］誠意是轉關處　成化本此前有「又曰」。

［六七］此條夔孫録與上一條語録，成化本併爲一條。

［六八］成化本此下注曰：「璘録别出。」

［六九］成化本此下注曰：「知至、意誠。」

［七〇］先生問節曰……節無以答　成化本無。

［七一］成化本此下注曰：「厲聲言『弗思』二字。」

［七二］彼　成化本作「哉」，王本作「與」。

［七三］雉　成化本無。

［七四］成化本此下注曰：「炎録云：『知既至則意可誠。如燈在中間，纔照不及處，便有賊潛藏在彼，不可知。若四方八面都光明了，他便無着身處。』」

［七五］輙　成化本作「輳」。

［七六］㑳　成化本無。王本作「㑳」。

［七七］只　成化本作「真」。

［七八］但　成化本作「便」。

［七九］效驗　成化本爲「功效」。

［八〇］至國治而後天下平　成化本爲「知至而後意誠意誠而後心正心正而後身修身修而後家齊家齊而後國治國治而後天下平」。

〔八一〕淳　成化本作「寓」。

〔八二〕此條董銖録成化本無，但卷十六載董拱壽録曰：「人固有終身爲善而自欺者。不特外面有，心中欲爲善而常有個不肯底意思，便是自欺也。須是要打疊得盡。蓋意誠而後心可正。過得這一關後方可進。」

〔八三〕出　成化本作「處」。

〔八四〕成化本此下注曰：「正心、誠意。」

〔八五〕成化本此下注曰：「論格物、致知、誠意、正心以下。」王本略有小異，曰：「以下論格物、致知、誠意、正心。」

〔八六〕所以　成化本無，王本作「乃」。

〔八七〕者　成化本無。

〔八八〕則是　成化本無。

〔八九〕成化本此下注曰：「壯祖録疑同聞，别出。」

〔九〇〕既是　成化本無。

〔九一〕可也　成化本無。

〔九二〕而　成化本無。

〔九三〕銖同　成化本無。

〔九四〕人傑　成化本作「格」，疑爲「恪」之誤。「恪」指林恪。林恪於紹熙四年（一一九三）與淵、學蒙、洽、楊至等人同學於考亭滄洲，而萬人傑曾五次師事朱熹，其中紹熙四年至五年（一一九三—一一九四）爲其中一次，故此録當爲該時期所録。

〔九五〕銖　成化本爲「拱壽」。董銖、董拱壽於紹熙五年（一一九四）同學。

〔九六〕庚　成化本無。

〔九七〕物　成化本爲「物欲」。

〔九八〕劉子云……此中字同否　成化本爲「天地之中天然自有之中同否」。

〔九九〕此條祖道録，成化本分爲兩條，載於不同卷目：「或問正心修身……内中發出底又不陷了」載於卷十五，「問天地之中……曰然」載於卷十八。

〔一〇〇〕問誠意正心章……修身齊家亦然否　成化本爲「誠意正心章一説能誠其意而心自正一説意誠矣而心不可不正問修身齊家亦然否」。

〔一〇一〕古之　成化本無。

〔一〇二〕時　成化本無。

〔一〇三〕不妨　成化本爲「亦不妨」。

〔一〇四〕成化本此下有「今人不曾做得小學工夫，一旦學大學，是以無下手處。今且當自持敬始，使端確純一静專，然後能致知格物」。

〔一〇五〕文壽　成化本作「椿」。據考亭淵源録、朱子語録姓氏等，朱子門人中有名魏椿字元壽者，「文壽」似爲「元壽」之誤。又，此條成化本載於卷十四。

〔一〇六〕從周　成化本爲「蓋卿」。

〔一〇七〕説　光緒本作「悦」。

〔一〇八〕盡盡　成化本爲「淨盡」。

［一〇九］此是本此是末　成化本爲「修身是本天下國家是末」。
［一一〇］以下壹是皆以脩身爲本　成化本無。
［一一一］親　成化本作「新」。朱熹大學章句注「在親民」引程子語曰：「親，當作『新』。」
［一一二］其　成化本無。
［一一三］聖人須要説到這田地上　成化本爲「但聖人須要説到這田地」。
［一一四］分拆開做八件　成化本爲「分析開八件」。
［一一五］處　成化本無。
［一一六］段　成化本作「件」。
［一一七］要　成化本無。
［一一八］要　成化本無。
［一一九］理　成化本作「禮」。
［一二〇］要　成化本爲「只要」。
［一二一］這　成化本作「此」。
［一二二］問　成化本爲「又問」。
［一二三］所謂　成化本無。
［一二四］曰　成化本下有「自是如此」。
［一二五］虎　成化本無。
［一二六］此條與上一條成化本併爲一條。

［一二七］成化本此下注曰：「以下總論綱領、條目。」

［一二八］乎　成化本無。

［一二九］此　成化本無。

［一三〇］心　成化本無。

［一三一］池本無心字　成化本無。

［一三二］此條閎祖録成化本載於卷十四，曰：「知止至能得，是説知至、意誠中間事。」

卷十六

［一］大學　成化本爲「大學三」。
［二］問克明德天之明命　成化本爲「問明德明命」。
［三］但爲物欲之所昏故蔽塞爾　成化本爲「但爲物欲之所昏蔽故暗塞爾」。
［四］惟　成化本作「維」。
［五］又云……説得極好　成化本無。
［六］蓋嘗見得……求放心也　成化本爲「便是常見這物事不教昏着今看大學亦要識此意所謂顧諟天之明命無他，求其放心而已」。
［七］成化本下有「佐同」。
［八］顧謂常目在之也　成化本爲「常目在之」。
［九］此語　成化本無。
［一〇］淳録同　成化本無。
［一一］問顧諟天之明命……未明常目在之意　成化本爲「問常目在之意」。
［一二］將　成化本無。
［一三］顧諟天之明命……目在之　成化本爲「如何目在之」。
［一四］得　成化本作「與」。

［一五］之　成化本無。

［一六］盤銘三句　成化本無。

［一七］茍　成化本爲「茍者」。

［一八］要緊在此一字　成化本無，但此條泳録下有一條賀孫録曰：「茍，誠也。要緊在此一字。」

［一九］賀孫録同　成化本無。

［二〇］新是對舊染之污而言　成化本爲「茍日新新是對舊染之污而言」。

［二一］之　成化本無。

［二二］只　成化本無。

［二三］却　成化本無。

［二四］到恁地　成化本無。

［二五］之　成化本無。

［二六］日　成化本爲「日日」。

［二七］但　成化本無。

［二八］新　成化本爲「改易」。

［二九］此條義剛録成化本載於卷二十八。

［三〇］録　成化本無。

［三一］要　成化本無。

［三二］要　成化本無。

〔三三〕此條大雅録成化本載於卷十五。

〔三四〕問　成化本爲「周問」。

〔三五〕謂　成化本無。

〔三六〕成化本此下注曰：謨録云：「須是就君仁臣敬、子孝父慈與國人信上推究精微，各無不盡之理。此章雖人倫大目，亦只舉得三件。必須就此上推廣所以事上當如何，所以待下又如何。尊卑大小之間，處之各要如此。」

〔三七〕大學　成化本無。

〔三八〕止於至善傳舉切磋琢磨之説　成化本爲「切磋琢磨之説」。

〔三九〕得　成化本作「教」。

〔四〇〕抑　成化本作「耶」。

〔四一〕衛武公　成化本爲「武公」。

〔四二〕大學　成化本無。

〔四三〕大學　成化本無。

〔四四〕淳寓同　成化本作「寓」。

〔四五〕息　成化本作「怠」。

〔四六〕淇奥詩……戰懼之貌也　成化本爲「瑟者武毅之貌恂慄戰懼之貌」。

〔四七〕處謙　成化本爲「壯祖」。

〔四八〕之　成化本無。

〔四九〕中節　成化本爲「中一節」。

〔五〇〕之　成化本無。

〔五一〕又　成化本無。

〔五二〕了致　成化本無。

〔五三〕然只是自有以感動人處故耳　成化本爲「自有以感動人處耳」。

〔五四〕本　成化本作「末」。

〔五五〕是　成化本無。

〔五六〕云　成化本作「恐」。

〔五七〕貼骨皮底　成化本爲「貼骨貼肉處」。

〔五八〕義剛　成化本下有「子寰同」。考閩中理學淵源考卷二十：「學士劉圻夫先生子寰，劉子寰字圻夫，建陽人，嘉定十年進士。蚤登文公之門，能詩文，與同邑劉清父齊名。官至觀文殿學士，自號篁嵲翁。」

〔五九〕先生所補格物章云　成化本無。

〔六〇〕此　成化本爲「此言」。

〔六一〕按陸詩云……真僞先須辨只今　成化本無。

〔六二〕如此　成化本無。

〔六三〕休　成化本作「做」。

〔六四〕爲法天下　成化本爲「爲法於天下」。

〔六五〕猶　成化本作「由」。

〔六六〕此條卓録成化本載於卷十五。

〔六七〕深淺　成化本爲「淺深」。

〔六八〕壓重了　成化本下有「不淨潔」。

〔六九〕淳録同　成化本無。

〔七〇〕又曰　成化本無。

〔七一〕要做　成化本爲「要去做」。

〔七二〕誠意章云　成化本無。

〔七三〕下　成化本無。

〔七四〕成化本此下注曰：「自欺、自慊。」

〔七五〕成化本此下注曰：「自欺。」

〔七六〕却　成化本無。

〔七七〕他個　成化本爲「論他個」。

〔七八〕成　成化本作「分」。

〔七九〕自　成化本無。

〔八〇〕蓋　成化本無。

〔八一〕他　成化本作「是」。

〔八二〕先生忽言……因曰　成化本無。

〔八三〕而　成化本作「其」。

〔八四〕問所謂誠其意者……此是大段狼狽處　成化本無。

〔八五〕待　成化本無。

〔八六〕此條道夫録成化本載於卷六十九。

〔八七〕便是不　成化本爲「便不是」。

〔八八〕成化本此下注曰：「自慊。」

〔八九〕自慊　成化本爲「有外之心」。

〔九〇〕池本作有外之心　成化本爲「蜀録作自慊」。

〔九一〕彼　成化本作「謂」。

〔九二〕此條人傑録重。

〔九三〕斯　成化本無。

〔九四〕便自　成化本無。

〔九五〕便　成化本無。

〔九六〕便　成化本無。

〔九七〕大學誠意章内何以爲　成化本無。

〔九八〕而　成化本無。

〔九九〕處謙　成化本爲「壯祖」。

〔一〇〇〕大學　成化本無。

〔一〇一〕有　成化本無。

〔一〇二〕知至者　成化本爲「惟知至者」。
〔一〇三〕而　成化本作「則」。
〔一〇四〕必　成化本爲「然必」。
〔一〇五〕成化本此下注曰：「謹獨。」
〔一〇六〕格物　成化本爲「物格」。
〔一〇七〕自　成化本無。
〔一〇八〕故　成化本無。
〔一〇九〕行甫　成化本爲「行夫」。據成化本朱子語録姓氏載，蔡懋字行夫。
〔一一〇〕一段　成化本爲「大段」。
〔一一一〕慎　成化本作「謹」。
〔一一二〕此條節録賀本記疑曰：「或問條語似不完。」
〔一一三〕底　成化本無。
〔一一四〕成化本此下注曰：「論揜其不善以下。」
〔一一五〕誠　成化本作「識」。
〔一一六〕人　成化本作「又」。
〔一一七〕成化本此下注曰：「以下全章之旨。」
〔一一八〕郎當　成化本爲「狼當」。
〔一一九〕在　成化本無。

［一二〇］賺連却　成化本爲「賺連」。

［一二一］其　成化本作「某」。

［一二二］大概以爲……便是自欺　成化本爲小字。

［一二三］心　成化本作「人」。

［一二四］云　成化本無。

［一二五］成化本此下注曰：「十目所視以下。」

［一二六］元壽問誠意章曾子曰十目所視　成化本爲「魏元壽問十目所視」。

［一二七］成化本此條下注「賀孫」。

［一二八］既誠意矣　成化本爲「意既誠」。

［一二九］好樂之類　成化本無。

［一三〇］池本注云此一段爲大學釋誠意二章發　成化本無。

［一三一］是　成化本無。

［一三二］事　成化本無。

［一三三］也　成化本無。

［一三四］節　成化本無。

［一三五］在正心者非是無好樂憂懼四者　成化本爲「好樂憂懼四者」。

［一三六］中　成化本作「心」。

［一三七］耳　成化本無。

〔一三八〕按夔孫録同而略　成化本無。
〔一三九〕鏡中　成化本爲「如鏡中」。
〔一四〇〕大要　成化本爲「要」。
〔一四一〕是　成化本爲「也是」。
〔一四二〕去　成化本無。
〔一四三〕吾身不得……吾心之累　成化本無。
〔一四四〕潭州　成化本爲「漳州」。
〔一四五〕過　成化本無。
〔一四六〕於事君　成化本無。
〔一四七〕消　成化本作「須」。
〔一四八〕心不在焉　成化本無。
〔一四九〕成化本此下注曰：「學蒙録别出。」
〔一五〇〕大學正心章　成化本無。
〔一五一〕此　成化本爲「此是」。
〔一五二〕兩　成化本無。
〔一五三〕與夫　成化本無。
〔一五四〕而　成化本無。
〔一五五〕是　成化本無。

〔一五六〕大學　成化本無。

〔一五七〕音　成化本無。

〔一五八〕按砥録同　成化本無。

〔一五九〕大學言人之其所好樂而辟焉　成化本無。

〔一六〇〕他　成化本無。

〔一六一〕見　成化本作「是」。

〔一六二〕識誠　成化本爲「識認」。

〔一六三〕他　成化本無。

〔一六四〕更　成化本無。

〔一六五〕人之其所親愛賤惡畏敬哀矜敖惰而辟焉　成化本無。

〔一六六〕竊謂則之……而不可易也　成化本無。

〔一六七〕非性之所有若比之四者而言則是性有善惡　成化本無。

〔一六八〕問　成化本「問」前有：「問：『喜怒憂懼，人心所不能無。如忿懥乃戾氣，豈可有也？』曰：『忿又重於怒心。然此處須看文勢大意。但此心先有忿懥時，這下面便不得其正。如鏡有人形在裏面，第二人來便照不得。如秤子釘盤星上加一錢，則稱一錢物便成兩錢重了。心若先有怒時，更有當怒底事來，便成兩分怒了；有當喜底事來，又減却半分喜了。先有好樂也如此，先有憂患也如此。若把忿懥做可疑，則下面憂患、好樂等皆可疑。』」

〔一六九〕修身章　成化本爲「八章」。

〔一七〇〕敬畏心　成化本爲「敬畏之心」。

〔一七一〕成化本此下有「等」字。

〔一七二〕寓淳同　成化本爲「寓録略」。此條陳淳録又見於底本卷十八，且所載内容與成化本更爲吻合。

〔一七三〕之其所敖惰而辟焉　成化本無。

〔一七四〕成化本此下有「此敖惰」。

〔一七五〕成化本此下注曰：「文蔚録云：『非如常人傲忽惰慢，只是使人見得他懶些。』」

〔一七六〕人　成化本無。

〔一七七〕則是　成化本無。

〔一七八〕一　成化本作「二」。

〔一七九〕及　成化本作「反」。

〔一八〇〕切謂人之心……用力哉　成化本爲「云云」。

〔一八一〕處謙　成化本爲「壯祖」。

〔一八二〕池本有治它是三字　成化本無。

〔一八三〕池本作蓋是要得　成化本無。

〔一八四〕池本作只字　成化本無。

〔一八五〕池本作聽它自治了　成化本無。

〔一八六〕内　成化本無。

〔一八七〕其下則言　成化本爲「下言」。

〔一八八〕更　成化本無。
〔一八九〕按去僞同……亦此類也　成化本爲「去僞同」。
〔一九〇〕或池本作李仁甫　成化本爲「吴仁甫」。
〔一九一〕池本有語意二字　成化本無。
〔一九二〕池本無能字　成化本無。
〔一九三〕然　成化本無。
〔一九四〕却無如此以下十六字　成化本無。
〔一九五〕此意池本無意字　成化本爲「然此意」。
〔一九六〕池本作勸字　成化本無。
〔一九七〕池本有是　成化本無。
〔一九八〕大凡知道君子發言自别　成化本爲「大凡知道者出言自别」。
〔一九九〕伊川　成化本爲「程子」。
〔二〇〇〕成化本此下注曰：「此處切恐有脱誤。」
〔二〇一〕只略略有……亦是不實　成化本爲「雖有七分孝只中間有三分未盡固是不實雖有九分孝一作弟只略略有一分未盡亦是不實」。
〔二〇二〕池本爲孝……亦是不實　成化本無。
〔二〇三〕此條方子録成化本無。
〔二〇四〕道夫録同而略……方會化得人　成化本無。

〔二〇五〕別　王本作「制」。

〔二〇六〕彼　成化本作「被」。

〔二〇七〕他却處得……傳與那賢　成化本爲「他處得好不將天下與兒子却傳與賢」。

〔二〇八〕使　成化本無。

〔二〇九〕個　成化本無。

〔二一〇〕個　成化本無。

〔二一一〕義剛　成化本爲「賀孫」。

〔二一二〕三　成化本無。

〔二一三〕認　成化本作「曉」。

〔二一四〕先生頗訝以爲如何如此難曉　成化本無。

〔二一五〕心　成化本無。

〔二一六〕詔曰……供養之事　成化本無。

〔二一七〕之　成化本無。

〔二一八〕政　王本作「官」。

〔二一九〕數　成化本作「是」。

〔二二〇〕矩　成化本無。

〔二二一〕子　成化本無。

〔二二二〕便　成化本無。

［一二三］面　成化本作「便」。
［一二四］似　成化本作「既」。
［一二五］淳寓同　成化本作「寓」。
［一二六］説　成化本作「訟」。
［一二七］問論平天下……皆因此也　成化本無。
［一二八］如慈福皇后……事長之意　成化本無。
［一二九］此條處謙録成化本無。
［一三〇］成化本此下有「銖曰：『仁者，則「己欲立而立人，己欲達而達人」，不待推矣。若絜矩，正恕者之事也。』先生頷之」。
［一三一］推　成化本作「惟」。
［一三二］封　王本作「豐」。
［一三三］徐無此二字　成化本無。
［一三四］淳按寓録同　成化本作「寓」。
［一三五］便　成化本無。
［一三六］汝倣　成化本無。
［一三七］到　成化本作「至」。
［一三八］砥　成化本作「寓」。
［一三九］問仁者以財發身不仁者以身發財　成化本無。

〔二四〇〕者 成化本無。

〔二四一〕子上 成化本爲「可學」。據朱子語録姓氏，鄭可學字子上。

〔二四二〕是 成化本無。

〔二四三〕且 成化本作「至」。

卷十七

〔一〕大學　成化本爲「大學四」。

〔二〕成化本此下另取一行有「經一章」三字。

〔三〕大學之道　成化本無。

〔四〕公近日　成化本無。

〔五〕但恐未然　成化本無。

〔六〕先生舉一二處令友仁説　成化本無。

〔七〕此條文蔚録成化本無，但於卷十四載魏椿録曰：「明德如八窗玲瓏，致知、格物各從其所明處去。今人不曾做得小學工夫，一旦學大學，是以無下手處。今且當自持敬始，使端確純一静專，然後能致知格物。」

〔八〕者　成化本無。

〔九〕認　王本作「恁」。

〔一〇〕且如一處　成化本爲「如主一處」。

〔一一〕別更　成化本無。

〔一二〕緩慢　成化本爲「戲慢」。

〔一三〕亦須逐一去看然到極處不過如此只是這個　成化本爲「但是我恁地説他個無形無狀去何處證驗只

去切己理會此等事久自會得」。

［一四］義剛　成化本無。且此條載於卷一百十六「訓義剛」。

［一五］或問……尹氏之説　成化本爲「或問舉伊川及謝氏尹氏之説」。

［一六］看　成化本作「着」。

［一七］有　成化本無。

［一八］時　成化本無。

［一九］救　王本作「放」。

［二〇］此條升卿録成化本無。

［二一］攙　成化本此處空缺。

［二二］曾兄　成化本卷一百十六同，卷一百二十作「曾」。

［二三］又問　成化本卷一百十六同，卷一百二十爲「曾又問」。

［二四］恭敬立　成化本卷一百十六、一百二十皆爲「恐敬立」。

［二五］到他　成化本卷一百十六無，卷一百二十作「到」。

［二六］此條語録成化本重出，載於卷一百十六「訓祖道」和一百二十，卷一百二十下注有「卓」，即黄卓所録。

［二七］然則此篇所謂在明明德在新民一段　成化本爲「此篇所謂在明明德一段」。

［二八］淳粹　王本爲「純粹」。

［二九］成化本此下注曰：「論歷代。」且此條載於卷一百三十四。

〔三〇〕或問中　成化本無。
〔三一〕成化本此下有「袁機仲正來争辨」。
〔三二〕便　成化本無。
〔三三〕成化本此下有「又」。
〔三四〕夔孫　成化本作「僩」。
〔三五〕然皆　成化本無。
〔三六〕此條人傑録成化本載於卷五。
〔三七〕此條甘節録成化本載於卷六。
〔三八〕或問中　成化本無。
〔三九〕只　成化本無。
〔四〇〕底心　成化本下有「底心」。
〔四一〕文集　成化本無。
〔四二〕去　成化本無。
〔四三〕而吾之　成化本無。
〔四四〕又　成化本無。
〔四五〕得　成化本無。
〔四六〕以其義理精微之極姑以至善目之之語　成化本爲「義理精微之極」。
〔四七〕去　成化本無。

〔四八〕直須争教到底　成化本爲「直争教到底」。

〔四九〕或問　成化本「或問」前有「問」。

〔五〇〕德元　成化本爲「郭德元」。

〔五一〕先生前此數日作王通論其間有此語　成化本爲「卓録云又有略知二者之當務顧乃安於小成因於近利而不求止於至善之所在者如前日所論王通之事是也」。

〔五二〕卓録同……故能動人如此　成化本無此注，但卷一百二十七另載一條卓録。經比勘，除「又問秦漢以下」成化本爲「才卿問秦漢以下」外，其他文字與此注同。

〔五三〕以下　成化本無。

〔五四〕看如何　成化本無。

〔五五〕公且看　成化本無。

〔五六〕成化本此下有「也不是無等級」。

〔五七〕只如志學至而立相似而立至不惑相似　成化本作「只如志學至立相似立至不惑相似」。

〔五八〕淳　成化本作「寓」。

〔五九〕淳寓同　成化本作「寓」。

〔六〇〕伯羽謂　成化本無。

〔六一〕或問知者妙衆理而宰萬物者也　成化本無。

〔六二〕成化本此下注曰：「或録此下云：『便只是理纔知得。』」

〔六三〕成化本此下注曰：「或録云：『纔知得底便是自家先有之道理也，只是無知則道無安頓處，故須知然後道理有所湊泊也。如夏熱冬寒，君仁臣敬，非知，如何知得！』」

〔六四〕成化本此下注曰：「或録云：『蓋知得此理也。』」

〔六五〕或録云……蓋知得此理也　成化本無。

〔六六〕知則心之神明妙衆理而宰萬物者也　成化本無。

〔六七〕知者妙衆理而宰萬物者也　成化本爲「宰萬物」。

〔六八〕宰　成化本無。

〔六九〕中　成化本無。

〔七〇〕當然之則……所以然之故　成化本無。

〔七一〕自然用如此　成化本無。

〔七二〕行之　成化本無。

〔七三〕初有陰陽有陰陽便有四象金木水火土　成化本爲「金木水火土初有陰陽有陰陽便有四象」。

〔七四〕自它原頭處便如此了　成化本無。

〔七五〕則　成化本無。

〔七六〕發生　成化本爲「天地發生」。

〔七七〕茅　成化本作「芽」。

〔七八〕生發　成化本爲「生長」。

〔七九〕生意　成化本爲「生生之意」。

〔八〇〕便　成化本無。

〔八一〕引　成化本無。
〔八二〕知覺如何　成化本爲「知覺如何分」。
〔八三〕卓　成化本作「倜」。
〔八四〕只　成化本爲「只是」。
〔八五〕南軒云……無倚無靠之謂否　成化本爲「爲己者無所爲而然」。
〔八六〕勉　成化本爲「勉强」。
〔八七〕再問……久之　成化本無。
〔八八〕云云　成化本無。
〔八九〕力　成化本爲「有力」。
〔九〇〕云云　成化本無。
〔九一〕此條淳録成化本無，但卷十七載徐□録曰：　問：「『全體大用，無時不發見於日用之間』，如何是體？如何是用？」曰：「體與用不相離。且如身是體，要起行去便是用。『赤子匍匐將入井，皆有怵惕惻隱之心』，只此一端，體、用便可見。如喜怒哀樂是用，所以喜怒哀樂是體。」　並於此下注曰：「淳録云：『所以能喜怒者便是體。』」
〔九二〕常反覆思之……而倚於衡　成化本無。
〔九三〕顧諟明命一條　成化本無。
〔九四〕入井　成化本無。
〔九五〕云云　成化本無。

〔九六〕是　成化本無。
〔九七〕成化本此下有「又曰」。
〔九八〕得　成化本無。
〔九九〕説　成化本無。
〔一〇〇〕猶　成化本作「由」。
〔一〇一〕因舉賊仁者謂之賊……所傷者小猶可補　成化本卷十七無，但卷五十一載陳淳録與此部分内容相近：先生舉「賊仁者謂之賊，賊義者謂之殘」，問何以別。近思云：「賊仁，是害心之理；賊義，是見於所行處傷其理。」曰：「以義爲見於所行，便是告子義外矣。義在内，不在外。義所以度事，亦是心度之。然此果何以別？蓋賊之罪重，殘之罪輕。仁義皆是心。仁是天理根本處，賊仁則大倫大法虧滅了，便是殺人底人一般。義是就一節一事上言，一事上不合宜，便是傷義。似手足上損傷一般，所傷者小，尚可以補。」
〔一〇二〕云云　成化本無。
〔一〇三〕大學言　成化本無。
〔一〇四〕引淇奥詩如　成化本無。
〔一〇五〕也須學　成化本爲「也須學始得」。
〔一〇六〕寓　成化本爲「淳寓同」。
〔一〇七〕切　成化本無。
〔一〇八〕淳録同　成化本無。

卷十八

〔一〕大學　成化本爲「大學五」。

〔二〕成化本此下另爲一行有「傳五章」三字。

〔三〕云云　成化本無。

〔四〕舉遺書云或問學何爲而可以有覺也　成化本爲「舉遺書或問學何爲而可以有覺一段」。

〔五〕伊川　成化本無。

〔六〕而程子發之……不容已者矣　成化本無。

〔七〕又有　成化本無。

〔八〕程子曰莫先於正心誠意……致知又在格物　成化本爲「云云」。

〔九〕又　成化本無。

〔一〇〕切要　成化本爲「要切」。

〔一一〕又　成化本無。

〔一二〕又　成化本無。

〔一三〕又　成化本無。

〔一四〕一　成化本無。

〔一五〕爲　成化本無。

［一六］至　成化本無。
［一七］尤爲切　成化本爲「爲尤切」。
［一八］又　成化本無。
［一九］云云　成化本無。
［二〇］又　成化本無。
［二一］又　成化本無。
［二二］句　成化本作「向」。
［二三］決　成化本爲「決定」。
［二四］這如　成化本爲「如這」。
［二五］解　成化本爲「便解」。
［二六］以　成化本無。
［二七］手　成化本作「守」。
［二八］便　成化本無。
［二九］伊川　成化本爲「程子」。
［三〇］又曰　成化本無。
［三一］伊川所説　成化本爲「伊川説今日格一件明日格一件」。
［三二］成化本此下有「那個議論是」。
［三三］成化本此下注曰：「黄自録詳，别出。」

［三四］行甫　成化本爲「行夫」。

［三五］悴　成化本爲「猝」。

［三六］百萬　成化本爲「百物」。

［三七］插　成化本爲「插生」。

［三八］便　成化本無。

［三九］履孫　成化本爲「夔孫」。

［四〇］來　成化本無。

［四一］來　成化本無。

［四二］與延平李先生説如何　成化本爲「與延平之説如何」。

［四三］這　成化本無。

［四四］易　王本作「底」。

［四五］或問中　成化本無。

［四六］這　成化本無。

［四七］他　成化本無。

［四八］或問　成化本無。

［四九］知得人有這個，便知自家亦有這個　成化本爲「知得人有此心便知自家亦有此心」。

［五〇］或問致知章……而無所歸　成化本爲「程子謂如大軍遊騎無所歸」。

［五一］遺書第七卷云……無所歸也　成化本無。

[五二] 問　成化本爲「周問」。

[五三] 此條夔孫録成化本載於卷十五。

[五四] 或問中致知章……在致知之先　成化本为「立誠意以格之」。

[五五] 知至而後意誠……何也　成化本爲「立誠意以格之」。

[五六] 成化本此下注曰：「徐録作『堅確』。」

[五七] 成化本此下有「寓同」。

[五八] 明　成化本爲「虚明」。

[五九] 秋間却有未安太迫切　成化本爲「秋間却以爲太迫切」。

[六〇] 説　成化本無。

[六一] 成化本此下注曰：「池録作『四端情性』。」

[六二] 成化本此下注曰：「池録作『讀書講學』，一作『博窮衆理』。」

[六三] 亦　成化本爲「亦有」。

[六四] 此條僩録成化本載於卷十五。

[六五] 少　成化本作「小」。

[六六] 廣同而略　成化本爲「廣録云」。

[六七] 存養致知先後　成化本爲「或問存養致知先後」。

[六八] 本若相干　成化本爲「本若無相干」。

[六九] 問　成化本爲「楊子順問」。

〔七〇〕不可道未知之前便不必如此　成化本無。
〔七一〕成化本此下有「寓同」。
〔七二〕所記　成化本無。
〔七三〕是何也以收其心而不放也　成化本無。
〔七四〕此段　成化本爲「一段」。
〔七五〕又曰須是如公子細看方得貪多不濟事　成化本無。
〔七六〕去　成化本無。
〔七七〕成化本此下有「廣録詳」。
〔七八〕皆是因人之資質了説　成化本爲「皆是因人之資質耳」。
〔七九〕物　成化本爲「萬物」。
〔八〇〕性情　成化本爲「情性」。
〔八一〕亦　成化本作「已」。
〔八二〕或問載　成化本無。
〔八三〕且　成化本作「若」。
〔八四〕侍坐　成化本無。
〔八五〕且將此意歸安下處思量來早來説　成化本無。
〔八六〕夜來蒙先生舉藥方爲喻　成化本爲「次日稟云夜來蒙舉藥方爲喻」。
〔八七〕或曰　成化本無。

〔八八〕去僞　成化本爲「舊去」。
〔八九〕後人云折衷善也　成化本爲「後人以衷爲善」。
〔九〇〕問　成化本爲「又問」。
〔九一〕成化本此下有「節」。
〔九二〕或問　成化本無。
〔九三〕之中　成化本無。
〔九四〕是個　成化本無。
〔九五〕這　成化本無。
〔九六〕成化本此下注曰：「一云：『若説降衷便是秉彝則不可，若説便是萬物一原則又不可。萬物一原，自説萬物皆出此也。若統論道理，固是一般，聖賢何故説許多名字？』」
〔九七〕折衷　成化本無。
〔九八〕來處所受處　成化本爲「來處與所受處」。
〔九九〕常　成化本作「嘗」。
〔一〇〇〕僩　成化本無。
〔一〇一〕昨夜用之説衷是道理之心這話恁地説不得　成化本爲「劉用之曰衷字是兼心説如云衷誠、丹衷是也言天與我以是心也曰恁地説不得」。
〔一〇二〕合言　成化本爲「合而言」。
〔一〇三〕此條僩録與上一條僩録，成化本併爲一條。且成化本此下注曰：「池録作二段。」

［一〇四］書惟皇上帝降衷于下民　成化本爲「上帝降衷」。

［一〇五］只　成化本無。

［一〇六］淳同　成化本無。

［一〇七］民受天地之中以生與程子天然自有之中還是一意否　成化本爲「天地之中與程子天然自有之中是一意否」。

［一〇八］此處所謂不容已者　成化本爲「所謂不容已」。

［一〇九］楊至之舉逝者如斯夫……便斷了　成化本無。

［一一〇］成化本此下注曰：「寓録云：『春生秋殺，陽開陰閉，趲來趲去，自住不得。』」

［一一一］此條寓録成化本無，且因此條内容與上一條淳録相近，故成化本以部分寓録爲注附於淳録後。見本卷第一〇七條校勘記。

［一一二］問或問中……而不可易者　成化本爲「或問莫不有以見其所當然而不容已與其所以然而不可易者」。

［一一三］其所以然　成化本爲「其所以然者」。

［一一四］所以　成化本爲「所以如此」。

［一一五］其　成化本無。

［一一六］更别有滋味在　成化本爲「别有多滋味在」。

［一一七］造物　成化本爲「造化」。

［一一八］始　成化本無。

〔一一九〕理　成化本無。

〔一二〇〕此條泳録成化本無。

〔一二一〕格自是格　成化本爲「格自是自家格」。

〔一二二〕賜同　成化本無。

〔一二三〕他　成化本無。

〔一二四〕志立乎事物之表敬行乎事物之内　成化本無。

〔一二五〕此心之敬　成化本無。

〔一二六〕格物　成化本無。

〔一二七〕五峰所謂　成化本無。

〔一二八〕明德　成化本爲「明明德」。

〔一二九〕絣在這裏　成化本爲「絣在這裏一般」。

〔一三〇〕成化本此下有「是始者立個根基」。考五峰集卷三，無「是始者立個根基」。

〔一三一〕徐此下有下面言目流於色則知自反以理視云云十五字　成化本無。

〔一三二〕説　成化本爲「所説」。

〔一三三〕淳寓同差詳　成化本作「寓」。

〔一三四〕成化本此下有「問」。

〔一三五〕可　成化本無。

〔一三六〕黄　成化本作「卓」。「卓」即黄卓。

［一三七］成化本此下注曰：「卓同。」

［一三八］先生所舉李先生之言以爲爲學之初云云　成化本爲「李先生以爲爲學之初凡遇一事當且就此事反覆推尋以究其理」。

［一三九］而　成化本無。

［一四〇］其後　成化本爲「其次」。

［一四一］或問如何是反身窮理……自家體分上求　成化本無。

［一四二］此條廣録成化本載於卷十五。

［一四三］因説自欺　成化本爲「因説自欺欺人」。

［一四四］天地　成化本爲「大地」。

［一四五］實其心所發　成化本爲「實其心之所發」。

［一四六］是　成化本作「成」。

［一四七］此條夔孫録成化本載於卷十五。

［一四八］或問忿懥……心不得其正　成化本無。

［一四九］是　成化本無。

［一五〇］大段　成化本無。

［一五一］此條道夫録成化本載於卷十六。

［一五二］七章謂　成化本無。

［一五三］但　成化本無。

〔一五四〕成化本此下注曰：「寓録略。」且此條載於卷十六。又，底本卷十六亦收淳録曰：「問：『修身章謂：『五者有當然之則。』如敖惰之心，則豈可有？』曰：『此處亦當看文勢大意。敖惰，只是一般人所爲，得人厭棄，不起人敬畏心。若把敖惰做不當有，則親愛、敬畏也不當有。』」

〔一五五〕此條淳録成化本無。

〔一五六〕而　成化本無。

〔一五七〕大學或問曰　成化本無。

〔一五八〕傳八章　成化本無。此下各本亦無語録。

〔一五九〕成化本此下有「賀孫」。

〔一六〇〕忠恕之説曰　成化本無。

〔一六一〕范忠宣公　成化本爲「范公」。

〔一六二〕或問　成化本爲「大學或問」。

〔一六三〕又　成化本爲「又是」。

〔一六四〕先　成化本爲「先入」。

〔一六五〕美　成化本爲「美味」。

〔一六六〕及所求乎弟所求乎朋友等此意上下左右前後及中央做七個人看　成化本爲「及所求乎弟所求乎朋友亦是此意上下左右前後及中央做七個人看」。

〔一六七〕成化本此下注曰：「寓同。」

卷十九

〔一〕成化本此下注曰：「以下六經四子。」

〔二〕寫出方寫一兩面　成化本無。

〔三〕巨綱了　成化本爲「匡殻子」。

〔四〕按此條與池本異乃士毅舊所傳黄卓録同而略　成化本無。

〔五〕讀書　成化本無。

〔六〕之　成化本作「三」。

〔七〕上句　成化本爲「上一句」。

〔八〕未　成化本爲「如未」。

〔九〕是　成化本作「爲」。

〔一〇〕欲　成化本無。

〔一一〕二　成化本爲「一二」。

〔一二〕一日多有數段耳一兩段耳　成化本爲「一日多看得數段或一兩段耳」。

〔一三〕看講解　成化本爲「又云看講解」。

〔一四〕否　成化本作「非」。

〔一五〕一二　成化本無。

〔一六〕時　成化本無。

〔一七〕亦不可　成化本爲「又云」。

〔一八〕成化本此下有「不可不知」。

〔一九〕處　成化本無。

〔二〇〕聖人　成化本爲「古人」。

〔二一〕却　成化本作「亦」。

〔二二〕須　成化本無。

〔二三〕此條寓録成化本分爲兩條：「凡讀書須有次序……此正當今學者之病」載於卷十一；「某要人先讀大學……方宜讀之」載於卷十四。

〔二四〕熱　成化本作「熟」。

〔二五〕成化本此下注曰：「以下孔孟教人。」

〔二六〕節　成化本無。

〔二七〕節　成化本無。

〔二八〕你　成化本無。

〔二九〕看　成化本爲「看過了」。

〔三〇〕此條賀孫録成化本載於卷九十三。

〔三一〕成化本此下注曰：「讀語孟。」

〔三二〕周問孟子先生曰　成化本無。

〔三三〕有人　成化本爲「人有」。

〔三四〕初不以爲然　成化本無。

〔三五〕來　成化本無。

〔三六〕自　成化本無。

〔三七〕當　成化本作「常」。

〔三八〕得　成化本無。

〔三九〕只　成化本無。

〔四〇〕此條賀孫録成化本載於卷一百十八。

〔四一〕成化本此下又附賜録曰：賜録云：「因説仁義，曰：『只有孟子説得好。如曰「學問之道無他，求其放心而已」，此是從外面收入裏來。如曰「人之有是四端，知皆擴而充之」，又要從裏面發出去。凡此出入往來皆由個心。』又曰：『所謂「立天之道曰陰與陽，立地之道曰柔與剛，立人之道曰仁與義」，都是恁地』。」

〔四二〕遂　成化本作「便」。

〔四三〕看論語就裏面詳細處須要看得十分透徹無有不盡　成化本無。

〔四四〕此條淳録成化本載於卷十一。

〔四五〕有　王本作「在」。

〔四六〕此條蓋卿録成化本載於卷一百十四。

〔四七〕須　成化本爲「須是」。

[四八] 便孝弟求仁　成化本爲「便是孝第求仁」。
[四九] 交　成化本作「教」。
[五〇] 成化本此下有「説得大處」。
[五一] 是　成化本無。
[五二] 第子　成化本爲「弟子」。
[五三] 而　成化本無。
[五四] 何者爲禮　成化本無。
[五五] 與　成化本作「無」，王本作「爲」。
[五六] 晦夫　成化本無。成化本此下有「次日，求教切己工夫。曰：『且如論語説「孝弟爲仁之本」，因甚後便可以爲仁之本？「巧言令色鮮矣仁」，却爲甚不鮮禮、不鮮義而但鮮仁？須是如此去着實體認，莫要纔看一遍不通便掉下了。蓋道本無形象，須體認之可矣』」。此下又注曰：「以下訓煇。」
[五七] 則説　成化本無。
[五八] 成化本此下有「淳」。
[五九] 先生告學者云　成化本無。
[六〇] 讀　成化本爲「熟讀」。
[六一] 迫　成化本爲「淺迫」。
[六二] 到　成化本爲「到後來」。
[六三] 底　成化本無。

〔六四〕作文　成化本爲「作文之法」。

〔六五〕成化本此下注曰：「集注。」

〔六六〕也　成化本無。

〔六七〕新底子　成化本爲「新底了」。

〔六八〕挨　成化本作「捱」。

〔六九〕挨來挨去　成化本爲「捱來捱去」。

〔七〇〕自然曉得　成化本無。

〔七一〕要看　成化本爲「要人看」。

〔七二〕成化本此下有「上蔡云『人不可無根』，便是難。所謂根者，只管看，便是根，不是外面别討個根來」。其後又注有「僩」。

〔七三〕説　成化本爲「已説」。

〔七四〕成化本此下注曰：「集注、集義。」

〔七五〕吾與回言終日不違如愚　成化本爲「吾與回言」。

〔七六〕來　成化本無。

〔七七〕公把做閑看了　成化本無。

〔七八〕許多　成化本爲「許多言語」。

〔七九〕成化本此下有「公都把做等閑看了」。

〔八〇〕明白　成化本爲「本自明白」。

［八一］注解上更看不得如何看得聖人意出來　成化本爲「若注解上更看不出却如何看得聖人意出」。

［八二］久之　成化本爲「久久」。

［八三］於文字邊自有細字迸出來方是自家見得　成化本爲「於正文邊自有細字注脚迸出來方是自家見得親切」。

［八四］若自家果是着心見它道理不得則聖賢爲欺我矣　成化本無。

［八五］而今只於外面捉摸個影説將去這個不喚做學　成化本爲「若只於外面捉摸個影子説終不濟事」。

［八六］成化本此下有「若果曾著心而看他道理不出，則聖賢爲欺我矣」。

［八七］成化本此下有「出來」。

［八八］終　成化本無。

［八九］先須　成化本作「若」。

［九〇］所以如破城云　成化本無。

［九一］林錫録同而略……觸類便見　成化本無。

［九二］近來　成化本爲「某近來」。

［九三］而今　成化本無。

［九四］論孟　成化本爲「論語」。

［九五］記　成化本無。

［九六］不多一個不少一個　成化本爲「不多一個字不少一個字」。

［九七］集解其間　成化本爲「集注」。

［九八］節　成化本無。
［九九］孟子論語　成化本無。
［一〇〇］先生　成化本無。
［一〇一］先生注下　成化本無。
［一〇二］者　成化本無。
［一〇三］是　成化本無。
［一〇四］節　成化本無。
［一〇五］按此條當是未改定時語附於後　成化本無。
［一〇六］書　成化本無。
［一〇七］成化本此下注曰：「集義。」
［一〇八］問要看甚文字……不知如何看　成化本爲「問要看精義不知如何看」。
［一〇九］一　成化本無。
［一一〇］論語　成化本無。
［一一一］語孟集解　成化本爲「語孟集義」。
［一一二］成化本此下有「隨時」。
［一一三］讀論語須將精義看一段次看第二段　成化本爲「讀論語須將精義看先看一段次看第二段」
［一一四］若　成化本無。
［一一五］言　成化本無。

〔一一六〕道夫　成化本作「驤」。

〔一一七〕當確　成化本爲「確當」。

〔一一八〕成化本此下有「者」。

〔一一九〕遺書第二卷云……皆栽培之意　成化本無。

〔一二〇〕處　成化本無。

〔一二一〕又　成化本無。

〔一二二〕成化本此下有「看」。

〔一二三〕賀孫　成化本無。

〔一二四〕便　成化本無。

〔一二五〕何　成化本無。

〔一二六〕成化本此下有「思索」。

〔一二七〕其闕疑　成化本爲「闕其疑」。

〔一二八〕成化本此下注曰：「集注讀論孟法。」

〔一二九〕語　成化本作「舉」。

〔一三〇〕成化本此下注曰：「集注序説。」

卷二十

〔一〕他　成化本無。

〔二〕工　成化本爲「工夫」。

〔三〕須求其當所謂學者　成化本爲「須求其所謂學者如何」。

〔四〕玩　成化本作「既」。

〔五〕而　成化本作「受」。

〔六〕此條道夫録成化本載於卷十四。且成化本於「這個道理」前有：　問：「明德、至善，莫是一個否？」曰：「至善是明德中有此極至處。如君止於仁，臣止於敬，父止於慈，子止於孝，與國人交止於信，此所謂『在止於至善』。只是又當知如何而爲止於仁，如何而止於敬，如何而止於慈孝、與國人交之信。這裏便用究竟一個下工夫處。」景紹曰：「止，莫是止於此而不過否？」曰：「固是。過與不及皆不濟事。但仁敬慈孝，誰能到得這裏？聞有不及者矣，未聞有過於此者也。如舜之命契，不過是欲使『父子有親，君臣有義，夫婦有別，長幼有序，朋友有信』，只是此五者。至於後來聖賢千言萬語，只是欲明此而已。」

〔七〕成化本此下注曰：「學習。」

〔八〕個　成化本無。

〔九〕先生問……所包甚廣　成化本爲「問注云學之爲言效也效字所包甚廣」。

〔一〇〕效字所包甚廣也　成化本無。

〔一一〕道夫　成化本作「驤」。且此下注曰：「容録云：『人凡有可效處，皆當效之。』」

〔一二〕此條容録成化本無，但因其與上一條道夫録内容相近，故以容録部分内容作爲注附於道夫録中。參本卷第十條校勘記。

〔一三〕成化本此下注有「履」。

〔一四〕學而時習章　成化本爲「學習二字」。

〔一五〕是未理會得底道理　成化本爲「是未理會得時」。

〔一六〕底　成化本無。

〔一七〕成化本此下有「非是學得了，頓放在一處，却又去習也」。

〔一八〕這　成化本無。

〔一九〕譬鳥數飛……正是此義　成化本爲「如鳥數飛只是飛了又飛所謂鷹乃學習是也」。

〔二〇〕先生曰……不暇理會也　成化本爲「先生因言此等處添入集注中更好」。

〔二一〕且如曾子三省處……便與他理會耳　成化本爲「曾子三省看來是當下便省得纔有不是處便改不是事過後方始去改省了却又休也只是合下省得便與它改」。且這部分董銖録專爲一條，載於卷二十一。

〔二二〕節　成化本無。

〔二三〕習　成化本爲「時習」。

〔二四〕成化本此下注有「節」。

〔二五〕諸公　成化本無。

〔二六〕釋　成化本作「解」。

［二七］此條賀孫録成化本無。
［二八］學而時習之　成化本無。
［二九］細繹　成化本爲「紬繹」，萬曆本爲「思繹」。
［三〇］集注學而時習章載　成化本無。
［三一］不知是否　成化本作「否」。
［三二］學而時習之先生云　成化本無。
［三三］籠絡統　成化本爲「儱侗」。
［三四］寓　成化本無。
［三五］學而時習之　成化本無。
［三六］寓　成化本無。
［三七］兩　成化本爲「兩段」。
［三八］學習　成化本無。
［三九］思量　成化本爲「思意」。
［四〇］成化本此下注有「説」。
［四一］一章　成化本無。
［四二］不亦説乎　成化本無。
［四三］方是　成化本爲「方始」。
［四四］不亦樂乎　成化本無。

［四五］成化本此下注曰：「朋自遠方來。」

［四六］學而一段程子云　成化本無。

［四七］問有朋自遠方來集注云以善及人而信從者衆故樂　成化本爲「問以善及人而信從者衆」。

［四八］容　成化本無。

［四九］做　成化本無。

［五〇］人　成化本無。

［五一］人　成化本無。

［五二］未備入訓禮　成化本爲「來備禮」，且爲大字。

［五三］成化本此下注有「謙」。

［五四］此條柄録成化本無。

［五五］吴仁父問論語首章注云非樂不足以語君子處　成化本爲「吴仁父問非樂不足以語君子」。

［五六］因　成化本無。

［五七］按董銖録同　成化本無。

［五八］成化本此下注曰：「説樂。」

［五九］問説在心樂主發散在外曰　成化本無。

［六〇］成化本此下注曰：「人不知不愠。」

［六一］壽仁　成化本爲「拱壽」。

［六二］成化本此下有「曰」。

〔六三〕令　成化本作「今」。

〔六四〕且　成化本無。

〔六五〕或問人不知而不愠曰　成化本無。

〔六六〕成化本此下注曰：「樂，不愠。」

〔六七〕余正叔　成化本爲「正叔」。

〔六八〕成化本此下有「曰：習亦未是成德事」。

〔六九〕成化本此下注曰：「總論。」

〔七〇〕成化本此下注曰：「黄録詳，别出。」且成化本此下載黄義剛録曰：問：「『學而』首章，把作始、中、終之序看時，如何？」曰：「道理也是恁地，然也不消恁地説。而今且去看『學而時習之』是如何，『有朋自遠方來』是如何。若把始、中、終三個字括了時便是了，更讀個甚麽！公有一病，好去求奇。如適間説文子，只是他有這一長，故謚之以『文』，未見其他不好處。今公却恁地去看。這一個字如何解包得許多意思？大概江西人好拗，人説臭，他須要説香。如告子不如孟子，若只恁地説時，便人與我一般。我須道告子强似孟子。王介甫嘗作一篇兵論在書院中硯下。是時他已參政。劉貢父見之，值客，直入書院，見其文，遂言庶官見執政不應直入其書院，且出。少頃廳上相見，問劉近作，劉遂將適間之文意换了言語答他。王大不樂，退而碎其紙。蓋有兩個道此，則是我説不奇，故如此。」因言：「福州嘗有姓林者，解『學而時習』是心與理爲一，『有朋自遠方來』是己與人爲一，『人不知而不愠』是人與天爲一。君舉大奇之，這有甚好處？要是它們科舉之習未除，故説得如此。」此條黄義剛録底本無。

〔七一〕以下總論集注諸説　成化本爲「義剛録同，見訓揚」。檢卷一百十九黄義剛所録「包顯道領生徒十四人來」一條中載有部分内容與此條相近，曰：一生説「時習」章。先生曰：「只是熟，故説。到説時自不肯休了。而今人所以恁地作輟者，只是未熟。『以善及人，而信從者衆』，此説地步闊。蓋此道理天下所公共，我獨曉之而人不曉得，也自悶。今『有朋自遠方來』則從者衆，故可樂。這個自是地位大段高了。『人不知而不愠』也是難。愠不是大段怒，但心裹略有不平底意便是愠。此非得之深、養之厚，何以至此？」

［七二］不亦説乎　成化本無。

［七三］某　成化本作「卓」。

［七四］無　成化本作「元」。

［七五］未有　成化本爲「有未」。

［七六］去　成化本無。

［七七］曾　成化本無。

［七八］是　成化本無。

［七九］古人　成化本爲「古人説」。

［八〇］並　成化本作「是」。

［八一］是　成化本爲「只是」。

［八二］發越　成化本爲「發散」。

［八三］范氏　成化本爲「范氏游氏」。

［八四］寓　成化本無。

[八五] 其爲人也孝悌而好犯上者鮮矣　成化本無

[八六] 犯上　成化本爲「犯上者」。

[八七] 按劉一之録同　成化本無。

[八八] 文意　成化本無。

[八九] 如君臣父子夫婦兄弟等皆是本處否　成化本爲「君臣父子夫婦兄弟皆是本否」。

[九〇] 悌　成化本作「弟」。

[九一] 淳　成化本作「寓」。

[九二] 能　成化本無。

[九三] 見　成化本作「具」。

[九四] 故爲仁之本　成化本爲「故是行仁之本」。

[九五] 成化本此下注曰：「以下孝弟仁之本。」

[九六] 先生問……俱是一心　成化本作「問」。

[九七] 爾　成化本無。

[九八] 以　成化本作「只」。

[九九] 既能齊家　成化本無。

[一〇〇] 某又　成化本無。

[一〇一] 孝弟也者其爲仁之本與　成化本爲「孝弟爲仁之本」。

[一〇二] 某　成化本爲「可學」。

〔一〇三〕成化本此下注有「南升」。此條中「某云」，成化本爲「可學云」，據此似可推知爲可學録。

〔一〇四〕孝弟也者其爲仁之太與　成化本爲「孝弟爲仁之本」。

〔一〇五〕心　成化本作「仁」。

〔一〇六〕孝弟也者其爲仁之本　成化本爲「孝弟爲仁之本」。

〔一〇七〕本　成化本作「仁」。

〔一〇八〕此　成化本無。

〔一〇九〕求教切己工夫　成化本爲「問論孟疑處曰今人讀書有疑皆非真疑某雖説了只做一場話説過於切己工夫何益向年在南康都不曾無諸公説次日求教切己工夫」。

〔一一〇〕晦夫　成化本爲「以下訓煇」，且此條載於卷一百十九。

〔一一一〕此條泳録成化本載於卷十九。

〔一一二〕此條伯羽録成化本無。

〔一一三〕南軒間見某説亦疑後子細看了却曉得　成化本無。

〔一一四〕則　成化本作「皆」。

〔一一五〕者　成化本作「是」。

〔一一六〕因其外面發出來處便必是仁　成化本爲「因其外面發出來底便知是性在裏面」。

〔一一七〕節告歸　成化本無。

〔一一八〕愚見　成化本無。

〔一一九〕節　成化本無。

[一二〇] 節復問曰　成化本作「問」。

[一二一] 至　成化本作「之」。

[一二二] 此條陳淳録成化本無。

[一二三] 成化本此下注曰：「心之德。」

[一二四] 成化本此下注曰：「泳。愛之理，心之德。」

[一二五] 仁者　成化本無。

[一二六] 如何　成化本無。

[一二七] 成化本此下注有「賀孫」。

[一二八] 此條伯羽録成化本無。

[一二九] 戴禮記云　成化本爲「戴云」。

[一三〇] 兼　成化本作「專」。

[一三一] 雖不同皆由此水而爲之也　成化本爲「池雖不同皆由水而爲之也」。

[一三二] 問仁先生曰　成化本無。

[一三三] 省　成化本作「醒」。

[一三四] 一　成化本爲「專一」。

[一三五] 統又大　據成化本補。

[一三六] 林安卿　成化本爲「安卿」。

[一三七] 成化本此下注曰：「淳録云：『仁只是一個仁，不是有一個大底仁，其中又有一個小底仁。』」

〔一三八〕以　成化本作「嘗」。

〔一三九〕路軍　成化本爲「路州軍」。

〔一四〇〕隨地施爲　成化本爲「隨地施用而見」。且此條語録分爲兩條：「安卿問……全無那活底意思」作爲注，附於陳淳録後，載於卷九十五；「楊問仁者愛之理……隨地施用而見」載於卷二十。

〔一四一〕按淳自爲一條……故並存之　成化本作「寓」。據注文稱「卓此條皆淳問」，似可推知此條所據爲黄卓録。

〔一四二〕此條賜録成化本無。

〔一四三〕幹　成化本爲「直卿」。

〔一四四〕有　成化本無。

〔一四五〕轉　成化本無。

〔一四六〕若理會得一段　成化本爲「若理會得一段了相似忘却忽又理會一段」。

〔一四七〕坐間因説文中子　成化本無。

〔一四八〕見也平正　成化本作「也是平正」，且此條分爲二條：「仁者愛之理……覺見得意思轉好」載於卷二十；「文中子論時事……也是平正」載於卷一百三十七。這兩條末尾皆注有「南升」。

〔一四九〕仁者　成化本無。

〔一五〇〕春　成化本無。

〔一五一〕按此條潘植録　成化本無。此句語意不完整，下有約兩行小字的空缺，疑此下原附潘植録爲注，但因據以抄寫的底本有殘缺，而僅留「按此條潘植録」六字於此。

〔一五二〕如何　成化本無。
〔一五三〕只此生意是活物　成化本爲「只此生意心是活物必有此心乃能知辭遜」。
〔一五四〕不得　成化本爲「只得」。
〔一五五〕謨　成化本無。
〔一五六〕仁者愛之理心之德　成化本無。
〔一五七〕某　成化本無。
〔一五八〕莫是如此否　成化本無。
〔一五九〕嘗　成化本無。
〔一六〇〕成化本此下注曰：「集注。程子説。」
〔一六一〕謂　成化本作「曰」。
〔一六二〕見　成化本無。
〔一六三〕此　成化本無。
〔一六四〕説　成化本作「論」。
〔一六五〕此條明作録成化本分爲二條：「仁是性……不知何故如此説」爲一條；「人有此心……其意深矣」又作一條。皆載於卷二十。
〔一六六〕爲仁以孝弟爲本論性則以仁爲孝弟之本　成化本無。
〔一六七〕是　成化本無。
〔一六八〕據賀孫看如此不知是否　成化本作「否」。

〔一六九〕因舉　成化本無。
〔一七〇〕四者　成化本無。
〔一七一〕是以親親爲根本　成化本無。
〔一七二〕居父問孝弟爲仁之本因云　成化本無。
〔一七三〕賀孫　成化本無。
〔一七四〕因遍問坐間云云先生曰　成化本無。
〔一七五〕來　成化本爲「出來」。
〔一七六〕成化本此下注有「寓」。
〔一七七〕孝弟仁之本程氏謂行仁自孝弟始　成化本爲「行仁自孝弟始」。
〔一七八〕從　成化本無。
〔一七九〕得　成化本無。
〔一八〇〕謂孝弟爲行仁之本則不可　成化本爲「謂孝弟爲行仁之本則可謂是仁之本則不可」。底本有脱誤。
〔一八一〕此條人傑録成化本卷二十僅存「陸伯振云……欲以所事夫子者事之也」，而「檀弓篇恐是子游弟子所記，其中多説子游之知禮」，成化本只存「多説子游之知禮」一句，附於卷八十七必大録後。
〔一八二〕此條節録成化本無。
〔一八三〕先生問節曰……所以當愛底是仁　成化本爲「問節如何仁是性孝弟是用曰所以當愛底是仁」。
〔一八四〕恁地　成化本無。

〔一八五〕節又曰　成化本作「曰」。
〔一八六〕節次日復問曰　成化本爲「次日問曰」。
〔一八七〕夜來　成化本無。
〔一八八〕節再思之未達不是之由　成化本爲「未達」。
〔一八九〕成化本此下有「他會愛」。
〔一九〇〕却他　成化本爲「他却」。
〔一九一〕有子曰……其爲仁之本歟　成化本無。
〔一九二〕成化本此下有「故下文便接『孰不爲事，事親事之本』來説」。
〔一九三〕此句　成化本爲「此語」。
〔一九四〕言至仁　成化本作「仁」。
〔一九五〕程先生　成化本爲「程子」。
〔一九六〕是　成化本無。
〔一九七〕二程先生　成化本爲「二先生」。
〔一九八〕之謂　成化本爲「謂之」。
〔一九九〕成化本此下有「問：如何不道『鮮矣義禮智』，只道『鮮矣仁』」。
〔二〇〇〕又　成化本無。
〔二〇一〕而親仁　成化本爲「汎愛衆而親仁」。
〔二〇二〕成化本此下有「則」。

〔二〇三〕來　成化本爲「來看」。

〔二〇四〕分　成化本作「人」。

〔二〇五〕只　成化本爲「只知」。

〔二〇六〕成化本此下有「試察吾事親從兄之時，此心如之何」。

〔二〇七〕成化本此下有：問：「謝氏曰：『人心之不僞者，莫如事親、從兄。』如何？」曰：「人心本無僞，如何只道事親從兄是不僞？」曰：「恐只以孝弟是人之誠心否？」曰：「也不然。人心那個是不誠底？皆是誠。如四端不言信，蓋四端皆是誠實底。」

〔二〇八〕孝弟爲仁之本　成化本無。

〔二〇九〕有　成化本無。

〔二一〇〕這　成化本無。

〔二一一〕嘗見　成化本無。

〔二一二〕甚　底本闕，據成化本補。

〔二一三〕也　成化本無。

〔二一四〕便把做主　成化本爲「把做主説」。

〔二一五〕成化本此下注有「集義」。

〔二一六〕不説仁　成化本爲「不説知仁」，且此下注曰：「或録云『上蔡説仁只從知覺上説，不就爲仁處説。聖人分明説「克己復禮爲仁」，不曾説知覺底意。上蔡一變』云云。蓋卿録云『孔門只説爲仁，上蔡却説知仁。只要見得此心便以爲仁。上蔡一轉』云云。」

〔二一七〕所以　成化本作「所」。
〔二一八〕成化本此下注曰：「蓋卿録云：『子韶一轉而爲陸子静』。」
〔二一九〕又　成化本無。
〔二二〇〕成化本此下注曰：「蓋卿録云：『子韶所不敢衝突者，子静盡衝突。』」
〔二二一〕見　成化本作「是」。
〔二二二〕此條謨録成化本載於卷一百一。
〔二二三〕此條蓋卿録成化本無，因其與此前第二條方子録内容相近，而以此條蓋卿録部分内容作爲注，附於方子録中。參本卷第二二五、二二七、二二九條校勘記。
〔二二四〕上蔡以知覺言知□理方是　成化本爲「上蔡以知覺言仁只知覺得那應事接物底如何便唤做仁須是知覺那理方是」。
〔二二五〕接　成化本無。
〔二二六〕道　成化本作「這」。
〔二二七〕此條植録成化本載於卷一百一。
〔二二八〕爲　成化本作「行」。
〔二二九〕淳　成化本無。
〔二三〇〕求　成化本作「來」。
〔二三一〕處　成化本無。
〔二三二〕都　成化本無。

〔二三三〕成化本此下注曰：「祖道録云：『他自使去了，此心在外，如何得仁？』」

〔二三四〕此條祖道録成化本無，因與上一條雉録内容相近，而以祖道録部分作爲注，附於雉録中。

〔二三五〕或問巧言令色以巧言爲言不誠者　成化本爲「或以巧言爲言不誠」。

〔二三六〕亦何事　成化本爲「何害於事」。疑底本脱「害」。

〔二三七〕但　成化本作「若」。

〔二三八〕僩　成化本無。

〔二三九〕答　成化本無。

〔二四〇〕詩言令色與此不同　成化本無。

〔二四一〕上文云　成化本無。

〔二四二〕祖道按周謨録同　成化本爲「去僞」。

〔二四三〕淳　成化本無。

〔二四四〕巧言令色　成化本無。

〔二四五〕此　成化本無。

〔二四六〕早時南升在先生樓下……未曉此意　成化本爲「問鮮矣仁先生云絶無何也」。

〔二四七〕因舉　成化本無。

〔二四八〕道夫　成化本無。

〔二四九〕夫子巧言令色鮮矣仁而程子却説非仁　成化本爲「鮮矣仁程子却説非仁」。

〔二五〇〕巧言令色鮮矣仁一章　成化本爲「鮮矣仁章」。

［二五一］主愛　成化本爲「生受」。

［二五二］德　成化本無。

［二五三］總論集義諸説　成化本無。

卷二十一

〔一〕李無若爲以下至此二十九字　成化本無。
〔二〕李無謹獨以下五字　成化本無。
〔三〕按李方子所録同而略　成化本無。
〔四〕忠信如何　成化本無。
〔五〕成化本此下注有「謙」。
〔六〕恪　成化本無。
〔七〕成化本此下注曰：「或録云：『他自覺猶於此欠闕。』」
〔八〕日　成化本無。
〔九〕按李季札録同　成化本無。
〔一〇〕此條語録成化本無。
〔一一〕周伯壽　成化本爲「伯壽」。
〔一二〕所以　成化本無。
〔一三〕亦　成化本無。
〔一四〕目　成化本作「者」。
〔一五〕一　成化本無。

〔一六〕節問曰　成化本作「問」。

〔一七〕成化本此下注曰：「爲人謀不忠。」

〔一八〕讀論語　成化本無。

〔一九〕自　成化本無。

〔二〇〕便　成化本無。

〔二一〕爲人謀而不忠乎　成化本無。

〔二二〕爲謀　成化本爲「爲人謀」。

〔二三〕且　成化本無。

〔二四〕按陳淳録同　成化本無。

〔二五〕成化本此下注曰：「爲人謀不忠，與朋友交不信。」

〔二六〕問爲人謀而不忠……乃是已失其本心矣　成化本爲「問爲人謀而不忠與朋友交云云」。

〔二七〕成化本此下注曰：「時舉。寓録同，别出。」

〔二八〕潘子善問……所以如此　成化本爲「子善問云云」。

〔二九〕時舉按徐寓録同　成化本作「寓」。

〔三〇〕淳　成化本無。

〔三一〕存　成化本作「在」。

〔三二〕成化本此下注曰：「寓録作『令勿偏倚』。」

〔三三〕按徐寓同而少略　成化本爲「寓録略」。

〔三四〕成化本此下注曰：「泳。與朋友交。」

〔三五〕成化本此條與本卷幹録「問明道伊川以忠信爲表裏内外……違道違仁底疏」合爲一條。

〔三六〕此條節録成化本無。

〔三七〕成化本此下注曰：「道夫。忠信。」

〔三八〕節　成化本無。

〔三九〕成化本此下注有「節」。

〔四〇〕成化本此下注曰：「盡己之謂忠。」

〔四一〕盡己爲忠　成化本爲「盡己之謂忠」。

〔四二〕如有人謀事　成化本爲「如爲人謀一事」。

〔四三〕須是與他説這事當做不當做　成化本爲「須直與它説這事合做與不合做若不合做則直與説這事決然不可爲」。

〔四四〕信便是那忠字見於事者　成化本爲「信即是忠之見於事者所以説忠信内外也」。

〔四五〕信則説得來周遍於事上所以説忠信内外也　成化本爲「信則説得來周遍事上都要如此」。

〔四六〕始　成化本無。

〔四七〕等　成化本無。

〔四八〕中　成化本作「忠」。

〔四九〕禮　成化本作「忠」。

〔五〇〕黄直卿　成化本爲「直卿」。

［五一］成化本此下注曰：「盡己謂忠，以實謂信。」
［五二］謂如與人説話須説到底　成化本爲「謂與人説話時説到底」。
［五三］只説一事　成化本爲「若説一半」。
［五四］道　成化本無。
［五五］成化本此下有：　又，文振説：「『發己自盡爲忠，循物無違爲信』，發己自盡便是盡己。循物無違，譬如香爐只喚做香爐，卓只喚做卓，便着實不背了。若以香爐爲卓，卓爲香爐，便是背了它，便是不着實。
［五六］按李季札録同　成化本無。
［五七］心中　成化本爲「中心」。
［五八］心　成化本作「身」。
［五九］在外　底本闕，據成化本補。
［六〇］此條僩録成化本載於卷五十二。
［六一］成化本此下有「人」。
［六二］當　成化本無。
［六三］按金去僞録同　成化本爲「去僞同」，且此條謨録載於卷五十二。
［六四］曾子　成化本無。
［六五］力　成化本爲「氣力」。
［六六］成化本此下注有「佐同」。
［六七］利所在　成化本爲「利之所在」。

［六八］又問集注以忠信爲傳習之本……人如何能傳習　成化本無。

［六九］又　成化本無。

［七〇］只是　成化本無。

［七一］此條明作録成化本分爲兩條：「爲人謀而不忠乎……人須是去却此心方可」爲一條，「問諸子之學……便能切己用工如曾子也」爲一條。此兩條皆載於卷二十一。

［七二］得　成化本無。

［七三］外内　成化本爲「内外」。

［七四］便　成化本無。

［七五］成化本此下注曰：「集注諸説。」

［七六］成化本此下注有「集義」。

［七七］木之　成化本無。

［七八］之　成化本作「謂」。

［七九］而　成化本無。

［八〇］抬貼　成化本作「抬」。

［八一］從這道理從己　成化本爲「從這己」。

［八二］爲　成化本作「謂」。

［八三］謂之　成化本作「爲」。

［八四］忠信集注云　成化本無。

［八五］不知如何即循物無違　成化本爲「如何循物無違」。

［八六］外　成化本作「事」。

［八七］明道謂……表裏之謂也　成化本無。

［八八］得　成化本無。

［八九］自　成化本作「説」。

［九〇］成化本此下注曰：「池本作『不信必是不曾忠』。」

［九一］也　成化本無。

［九二］徐居父　成化本爲「居父」。

［九三］以　成化本作「已」。

［九四］成化本此下注曰：「寓録别出。」

［九五］曾子三省明道先生説發己自盡謂忠，循物無違謂信　成化本無。

［九六］謂　成化本無。

［九七］與　成化本無。

［九八］説與　成化本爲「與説」。

［九九］雜　成化本作「集」。

［一〇〇］曾子曰……傳不習乎　成化本無。

［一〇一］也　成化本無。

［一〇二］人　成化本作「又」。

〔一〇三〕先生不説不同　成化本爲「先生曰三説不同」。底本似誤。
〔一〇四〕違道　成化本爲「違道違仁」。
〔一〇五〕此條與本卷榦録「問『傳不習乎。』曰：『傳人以己所未嘗習之事。然有兩説』」合爲一條。
〔一〇六〕二君子　成化本無。
〔一〇七〕洪　成化本作「弘」。此條下同。
〔一〇八〕見　成化本無。
〔一〇九〕容　成化本無。
〔一一〇〕切　成化本無。
〔一一一〕如何　成化本無。
〔一一二〕問昏禮……亦不多　成化本無。
〔一一三〕此條伯羽録成化本無，但卷二十三載道夫録内容相近，曰：問：「夫子答子游、子夏問孝，意雖不同，然自今觀之，奉養而無狎恩恃愛之失，主敬而無嚴恭儼恪之偏，儘是難。」曰：「既知二失，則中間須自有個處之之理。愛而不敬，非真愛也；敬而不愛，非真敬也。敬非嚴恭儼恪之謂，以此爲敬則誤矣。只把做件事，小心畏謹便是敬。」且此下又注曰：「伯羽録云：『敬，只是把做事，小心畏謹，不敢慢道。』」
〔一一四〕是晚……因云　成化本爲「問道千乘之國章曰」。
〔一一五〕楊龜山　成化本爲「龜山」。
〔一一六〕本　成化本作「國」。
〔一一七〕某　成化本無。

〔一一八〕道　底本闕，據成化本補。

〔一一九〕成化本此下注曰：「南升。賀孫録别出。集注。」

〔一二〇〕鄭文振　成化本爲「文振」。

〔一二一〕龜山云……這般所在最説得好　成化本爲「龜山最説得好」。

〔一二二〕要　成化本作「看」。

〔一二三〕先　成化本無。

〔一二四〕下情　成化本爲「下之情」。

〔一二五〕方始可以爲國　成化本爲「方始可以爲治」。

〔一二六〕此條時舉録成化本無，但卷二十一所載董銖録部分内容相近，曰：吴伯遊問：「『道千乘之國』三句，反覆相因，各有次第。」……又問：「楊氏謂『未及爲政』，今觀『使民以時』，又似爲政。」曰：「孟子説『不違農時』，只言王道之始，未大段是政事在。」且其後注曰：「時舉同。」

〔一二七〕兄　成化本無。

〔一二八〕道千乘之國一章　成化本無。

〔一二九〕意見未分曉　成化本無。

〔一三〇〕興　成化本作「是」。

〔一三一〕兄　成化本無。

〔一三二〕夜來所説千乘之國　成化本無。

〔一三三〕集注敬事而信　成化本無。

［一三四］如何　成化本無。

［一三五］是　成化本作「能」。

［一三六］用　成化本爲「又用」。

［一三七］十　王本作「有」。

［一三八］成化本此下有「抑既如此，更要如彼」。

［一三九］能恁地便自然　成化本爲「能恁地敬便自然信」。

［一四〇］然　成化本無。

［一四一］説　成化本作「須」。

［一四二］成化本此下有「當」。

［一四三］何　成化本爲「有何」。

［一四四］敬事而信節用而愛人使民以時　成化本無。

［一四五］入則孝其父母……有其根本矣　成化本無。

［一四六］又不可少有怠慢　成化本無。

［一四七］所以學文者　成化本無。

［一四八］先生又云今日一日只消看治國一章已多了　成化本無，但注有「南升」。

［一四九］是　成化本作「具」。

［一五〇］成化本此下注曰：「池本作『思意』。」

［一五一］則以學文　成化本無。

〔一五二〕遂得以時時得而親之　成化本爲「得以時時親之」。

〔一五三〕時　成化本無。

〔一五四〕藝　成化本作「義」。

〔一五五〕按一之録……乃是其暇時爲之　成化本無。

〔一五六〕又云　成化本無。

〔一五七〕不同　成化本無。

〔一五八〕行有餘力則以學文　成化本無。

〔一五九〕考聖賢之成法　成化本無。

〔一六〇〕只　成化本無。不　底本闕，據成化本補。

〔一六一〕若　成化本無。

〔一六二〕少時　成化本無。

〔一六三〕因説　成化本作「問」。

〔一六四〕之　成化本作「知」。

〔一六五〕今詩書中考成法前言往行亦不可考　成化本爲「然今詩書中可考或前言往行亦可考」。

〔一六六〕得　成化本無。

〔一六七〕從　成化本無。

〔一六八〕成化本此下注有「集注」。

〔一六九〕賢賢易色或以爲變易顏色或以爲易其好色之心二者如何　成化本爲「變易顏色」。

〔一七〇〕一謂變易顔色有敬賢之誠一謂易其好色之心　成化本無。

〔一七一〕元秉　成化本爲「儒用」。

〔一七二〕僩按時舉録同　成化本爲「時舉」。

〔一七三〕問子夏賢賢易色一章　成化本爲「問賢賢易色章」。

〔一七四〕先生南坐……無一不盡情實　成化本爲「問賢賢易色章」。

〔一七五〕少頃先生云文振今日更看甚處　成化本無。

〔一七六〕只看此一章更玩味楊龜山所説治國一章　成化本無。

〔一七七〕落着　成化本爲「着落」。

〔一七八〕鄭南升　成化本爲「南升」。

〔一七九〕問事父母能竭其力一章先生曰　成化本無。

〔一八〇〕問子夏賢賢易色……先生曰　成化本無。

〔一八一〕否　成化本無，但「曰」前有一「否」字。

〔一八二〕云　成化本作「方」。

〔一八三〕求　成化本作「本」。

〔一八四〕某問……惟在忠信　成化本爲「主忠信人道惟在忠信」。

〔一八五〕若　成化本爲「人若」。

〔一八六〕爲　成化本無。

〔一八七〕是晚　成化本無。

［一八八］黄敬之　成化本爲「敬之」。

［一八九］之　成化本無。

［一九〇］成化本此下注曰：「時舉録云：『凡一顰一笑，一語一默，無非天理。』」

［一九一］黄直卿　成化本爲「直卿」。

［一九二］成化本下有「南升」，且分此條南升録爲兩條：「主忠信人道惟在忠信……再三言之」載於卷二十一；「敬之問形色天性……先生云固是」載於卷六十。

［一九三］子曰……過則勿憚改　成化本無。

［一九四］又問主忠信集注下不誠無物一節如何　成化本爲「問集注下不誠無物一節如何」。

［一九五］個　成化本爲「物」。

［一九六］主忠信注程子之言　成化本無。

［一九七］則　成化本無。

［一九八］問明道言人道惟在忠信不誠無物章　成化本爲「問人道惟在忠信不誠無物」。

［一九九］失時　成化本無。

［二〇〇］大抵　成化本無。

［二〇一］按楊道夫録此條而略　成化本爲「道夫録略」。

［二〇二］雖　成化本作「維」。

［二〇三］道夫　成化本無。

［二〇四］無友不如己者　成化本無。

〔二〇五〕信斯言也　成化本無。
〔二〇六〕則　成化本無。
〔二〇七〕我　成化本作「己」。
〔二〇八〕之　成化本作「我」。
〔二〇九〕處州　成化本無。
〔二一〇〕莫是言忠信之人否不然此言豈不爲拒人乎　成化本無。
〔二一一〕不然　成化本無。
〔二一二〕且以自家看　成化本無。
〔二一三〕改　成化本爲「速改」。
〔二一四〕時舉　成化本爲「銖」，且此下注曰：「時舉録云：『最要在「速」字上着力。凡有過，若今日過愈深則善愈微。若從今日便改，則善可自此而積。』」
〔二一五〕又曰　成化本無。
〔二一六〕不是不重則不威　成化本無。
〔二一七〕顔子克己如紅爐上一片雪　成化本無。

卷二十二

［一］庚　成化本無。
［二］愼終追遠　成化本無。
［三］在　成化本作「要」。
［四］是　成化本無。
［五］云　成化本無。
［六］謹終追遠民德歸厚　成化本作「問」。
［七］到　成化本作「則」。
［八］夫子温良恭儉讓章　成化本爲「夫子至於是邦章」。
［九］此一章須於温良恭儉讓五者觀聖人德盛禮恭處　成化本無。
［一〇］聖人盛德充溢於中……故皆問之以國政　成化本無。
［一一］成化本此下注有「南升」。
［一二］直　成化本爲「易直」。
［一三］問　成化本爲「亞夫問」。
［一四］注云良易直也　成化本無。
［一五］何以爲易　成化本爲「良何以爲易直」。

[一六]曰　成化本作「白」。
[一七]寓　成化本無。
[一八]集注　成化本無。
[一九]此條方子録成化本無。
[二〇]帶斂儉　成化本爲「常收斂」。
[二一]又問　成化本爲「伯游問」。
[二二]夫子　成化本無。
[二三]最是要看得此五者是如何氣象　成化本爲「最要看得此五字温是如何氣象良是如何氣象恭儉讓又是如何」。
[二四]今人自請舉以往　成化本爲「今人却無非是求自請舉以往」。
[二五]也須暗地請託　成化本爲「也須暗地結托蓋以求人爲常而不知其爲非也」。
[二六]説　成化本無。
[二七]説　成化本無。
[二八]説　成化本無。
[二九]此條人傑録成化本無。
[三〇]之　成化本作「等」。
[三一]萬正淳　成化本爲「正淳」。
[三二]福　成化本作「禍」。

［三三］當　成化本作「常」。

［三四］集義　成化本無。

［三五］爲　成化本作「尊」。

［三六］按李儒用録同　成化本無。

［三七］先　成化本作「忽」。

［三八］須　成化本無。

［三九］使不覺時　成化本爲「便不覺」。

［四〇］切　成化本無。

［四一］慎　成化本無。

［四二］伯羽　成化本無。

［四三］父在觀其志一段　成化本無。

［四四］尹氏　成化本爲「游氏」。據游酢游廌山集卷一父在觀其志章：「今言無改於父之道，則在所當改而可以未改也。」尹氏即尹焞。

［四五］此謂此事必當改　成化本爲「謂此事當改」。

［四六］不　成化本作「未」。

［四七］尹説　成化本無。

［四八］之　成化本無。

［四九］先生前一夜説此僩嘗問　成化本爲「僩問」。

［五〇］難　成化本爲「爲難」。
［五一］又　成化本無。
［五二］成化本此下注曰：「南升。游氏説。」
［五三］命　成化本作「合」。
［五四］命字疑誤　成化本無。
［五五］理事　成化本爲「事理」。
［五六］壽仁　成化本爲「拱壽」。
［五七］舉　成化本無。
［五八］且説　成化本無。
［五九］坐間學者答曰　成化本爲「答者」。
［六〇］要之禮得如此　成化本爲「要知得禮合如此」。
［六一］自然行之　成化本爲「所以行之」。
［六二］知　成化本爲「知道」。
［六三］麻　成化本無。
［六四］公　成化本爲「王公」。
［六五］符舜功　成化本作「周舜功」。
［六六］成化本此下注有「集注」。
［六七］固　成化本作「同」。

〔六八〕成化本此下注有「明作」。
〔六九〕和是自家之合有底　成化本爲「禮之用和爲貴和是自家合有底」。
〔七〇〕賀孫　成化本無。
〔七一〕又曰　成化本無。
〔七二〕陰陽和而有禮　成化本爲「陰陽理而後和」，且此下有「故」。
〔七三〕此條卓録成化本分爲二條：「問知和而和……便有個七八分底道理」爲一條；「小大由之……禮先而樂後」又爲一條。
〔七四〕辛　成化本無。
〔七五〕漢臣問　成化本爲「邵問」。
〔七六〕莫便是樂否　成化本爲「曰如人入神廟自然肅敬不是强爲之禮之用自然有和意又問和便是樂否」。
〔七七〕和　成化本作「也」。
〔七八〕成化本此下有「樂中亦有禮」。
〔七九〕此　成化本無。
〔八〇〕時舉　成化本無。
〔八一〕又　成化本無。
〔八二〕希遜　成化本爲「謙之」。
〔八三〕禮之用和爲貴　成化本無。
〔八四〕取　成化本作「禮」。

〔八五〕這　成化本無。

〔八六〕這　成化本無。

〔八七〕裏　成化本無。

〔八八〕自　成化本無。

〔八九〕柄　成化本無。

〔九〇〕恭而安別而和爲可貴　成化本爲「別而和」。

〔九一〕物　成化本作「情」。

〔九二〕而　成化本作「如」。

〔九三〕他録有一差　成化本爲「記録有差」。

〔九四〕謝先生云　成化本無。

〔九五〕佾　成化本無。

〔九六〕佾　成化本無。

〔九七〕論　成化本作「言」。

〔九八〕成化本此下有「底」。

〔九九〕僭　成化本作「犯」。

〔一〇〇〕此條成化本無。

〔一〇一〕人多是　成化本無。

〔一〇二〕如此則是　成化本作「是」。

［一〇三］今若且要就　成化本爲「今且就」。

［一〇四］淳同　成化本爲「以下信恭」。

［一〇五］集注説信近義恭近禮但云　成化本爲「集注云」。

［一〇六］道夫　成化本無。

［一〇七］因不失其親　成化本無。

［一〇八］處　成化本無。

［一〇九］淳録同　成化本無。

［一一〇］如　成化本爲「親如」。

［一一一］成化本此下注曰：「以下因親可宗。」

［一一二］亦可宗也　成化本無。

［一一三］因不失其親亦可宗也　成化本無。

［一一四］於衛　成化本無。

［一一五］曼亞夫問因不失其親亦可宗也　成化本無。

［一一六］以　成化本作「所」。

［一一七］因親宗　成化本爲「因不失其親亦可宗也」。

［一一八］因不失其親　成化本無。

［一一九］器之問因是依所依不失其可親之人亦可宗也　成化本無。

［一二〇］初　成化本爲「初間」。

〔一二一〕是如何　成化本無。
〔一二二〕而　成化本無。
〔一二三〕又　成化本無。
〔一二四〕是　成化本無。
〔一二五〕問信近於義處　成化本無。
〔一二六〕不可復害信也　成化本爲「便害信也」，且此下注曰：「必大録云：『若不看義之可行，便與他約，次第行不得，便成脱空。』」
〔一二七〕若合當在堂不拜　成化本爲「合當堂下拜」。
〔一二八〕始初　成化本無。
〔一二九〕又　成化本無。
〔一三〇〕云謂如與人約做一件事須是合當做底事方謂之義故其言可踐而行　成化本無。
〔一三一〕方可遠耻辱　成化本無。
〔一三二〕成化本此下有「問」。
〔一三三〕更不細推之　成化本爲「更子細推去」。
〔一三四〕某　成化本無。
〔一三五〕成化本此下注有「南升」。
〔一三六〕楊尹叔　成化本爲「楊允叔」。
〔一三七〕伊川自是如此見　成化本無。

［一三八］來　成化本無。

［一三九］且如恭　成化本爲「聖人言語不恁地連纏」。

［一四〇］成化本此下有「若失其可親之人而宗之，將來必生悔吝」。

［一四一］范氏　成化本爲「范説」。

［一四二］有　成化本無。

［一四三］者　成化本作「時」。

［一四四］則　成化本無。

［一四五］不　成化本無。

［一四六］君子敏於事而謹於言章　成化本爲「君子食無求飽章」。

［一四七］言　成化本作「其」。

［一四八］希遜　成化本爲「謙之」。

［一四九］按楊至之録同　成化本無。

［一五〇］居無求安　成化本無。

［一五一］親　成化本作「就」。

［一五二］周遍　成化本爲「周備」。

［一五三］問此一章……昨與汪正叔説　成化本無。

［一五四］是　成化本無。

［一五五］成化本此下注曰：「或録云：『學者須先有根本，方有可正也。』」

［一五六］植時舉皆略同　成化本無。

［一五七］問楊墨之道如何　成化本爲「敬之問楊墨」。

［一五八］差　成化本作「差了」。

［一五九］此　成化本無。

［一六〇］成化本此下有「孟子之辯，只緣是放過不得。今人見佛老家之説者，或以爲其説似勝吾儒之説；或又以爲彼雖説得不是，不用管他。此皆是看他不破，故不能與之辯。若真個見得是害人心，亂吾道，豈容不與之辯？所謂孟子好辯者，非好辯也，自是住不得也」。

［一六一］時舉　成化本爲「南升」，且此條載於卷五十五。

［一六二］問　成化本爲「希真問」。

［一六三］個　成化本無。

［一六四］好　成化本作「合」。

［一六五］貧而無諂富而無驕與樂好禮如何　成化本無。

［一六六］是　成化本作「自」。

［一六七］又　成化本無。

［一六八］些小　成化本無。

［一六九］子貢曰　成化本無。

［一七〇］成化本此下注曰：「上條疑同聞。集注非今本。」

［一七一］銖録同　成化本無。

〔一七二〕此條賀孫録成化本載於卷十六。

〔一七三〕富貴　成化本爲「貧富」。

〔一七四〕富貴　成化本爲「貧富」。

〔一七五〕告往知來　成化本無。

〔一七六〕乃　成化本無。

〔一七七〕成化本此下注有「寓」。

〔一七八〕此條潘植録成化本無，但卷二十二載僩録與其内容相近，曰：文振問「貧而無諂」一章。曰：「『貧而無諂，富而無驕』，比他樂與好禮者，别人便説不足道，聖人只云『可也』，蓋『可也』時便也得了，只是比樂與好禮者分明争一等。諂者必不能好禮。若於諂與驕中求樂與好禮，此如適越北其轅，反行求及前人，無可至之理。集注中所謂『義理無窮』者，不是説無諂無驕至樂與好禮處便是義理無窮，自是説切磋琢磨處精而益精爾。」

〔一七九〕又問常人貧時易至卑屈……而問學自修不可少廢　成化本爲「問貧而無諂章」。

〔一八〇〕繩　成化本作「纏」。

〔一八一〕黄直卿　成化本爲「直卿」。

〔一八二〕無諂　成化本無。

〔一八三〕工夫　成化本爲「做工夫」。

〔一八四〕成化本此下注曰：「南升。僩録别出。」

〔一八五〕他　成化本爲「他人」。

〔一八六〕曰　成化本作「已」。

〔一八七〕患不知人也　成化本作「章」。

〔一八八〕心　成化本爲「他心」。

〔一八九〕言　成化本作「人」。

〔一九〇〕之　成化本作「三」。據下文所列「不病人之不己知，病其不能也」與「不患人不己知，求爲可知也」兩條及「此兩語意」之句，作「三」似誤。

〔一九一〕人之不己知　成化本爲「莫己知」。

〔一九二〕此兩語意　成化本無。

〔一九三〕我　成化本爲「病我」。

〔一九四〕者　成化本無。

卷二十三

［一］節　成化本無。
［二］晏亞夫　成化本爲「亞夫」。
［三］集注行道有得於身之謂德……更不待又去政上鋪排也　成化本爲「爲政以德云云」。
［四］固是　成化本無。
［五］之　成化本爲「之於」。
［六］有　成化本作「是」。
［七］成化本此下有「植」。
［八］鄭文振　成化本爲「文振」。
［九］牽　成化本作「率」。
［一〇］成化本此下注曰：「鄭録云：『德是得之於我者。更思此意。』」
［一一］此條成化本無，但上條時舉録尾所注與此條末二句相吻合，可知此條乃鄭南升所録。
［一二］失　成化本此下有「諸書未及改，此是通例。安卿曰：『得於心而不失』，可包得『行道而有得於身』。曰」。
［一三］淳　王本爲「義剛」。
［一四］集注中德者　成化本無。

〔一五〕問　成化本爲「安卿問」。

〔一六〕要曉時北辰只是輪藏心　成化本爲「只似個輪藏心」。

〔一七〕動　成化本爲「也動」。

〔一八〕那椿子邊底　成化本爲「近椿底點子」。

〔一九〕後　成化本無。

〔二〇〕看着　成化本無。

〔二一〕那有一星　成化本爲「見其」。

〔二二〕那　成化本無。

〔二三〕底　成化本無。

〔二四〕那空無星辰底謂之辰　成化本爲「那空無星處皆謂之辰」。

〔二五〕也　成化本無。

〔二六〕它這　成化本無。

〔二七〕到　成化本作「所」。

〔二八〕却　成化本爲「却是」。

〔二九〕黄直卿　成化本爲「直卿」。

〔三〇〕鄭康成　成化本爲「鄭康成之説」。

〔三一〕則　成化本作「却」。

〔三二〕個　成化本無。

〔三三〕存　成化本作「在」。

〔三四〕弦　成化本作「絃」。

〔三五〕是極星不動也　成化本無。

〔三六〕謝上蔡　成化本爲「上蔡」。

〔三七〕爲政以德集注謂　成化本無。

〔三八〕問集注謂無爲　成化本爲「爲政以德如何無爲」。

〔三九〕問　成化本此下有「爲政以德」。

〔四〇〕成化本此下注曰：「賀孫録云：『老子所謂無爲只是簡忽，聖人所謂無爲却是付之當然之理。如曰：「無爲而治者，其舜也與！　夫何爲哉？恭己正南面而已。」這是甚麽樣本領！　豈可與老氏同日而語。』」按此部分賀孫録底本載於卷四十四。

〔四一〕却　成化本無。

〔四二〕欲　成化本無。

〔四三〕按葉賀孫録云　成化本爲「賀孫録云」。

〔四四〕當是一時同聞而録有詳略　成化本無。

〔四五〕先生　成化本無。

〔四六〕公看論語無所疑……此是如何　成化本爲「爲政以德然後無爲是如何」。

〔四七〕如　成化本無。

〔四八〕拱　成化本作「共」。

［四九］此條儒用録成化本無。
［五〇］得　成化本無。
［五一］徐寓　成化本作「徐」。
［五二］善　成化本作「美」。
［五三］此條成化本無。
［五四］此條成化本無。
［五五］問　成化本爲「文振問」。
［五六］人多是如此看　成化本無。
［五七］得　成化本無。
［五八］某看來大段有不是處　成化本無。
［五九］却　成化本無。
［六〇］國語説抑　成化本無。抑，據下文文意補。
［六一］只緣　成化本無。
［六二］這　成化本無。
［六三］且　成化本無。
［六四］去　成化本無。
［六五］定　成化本無。
［六六］只是不消看序看正文自見得　成化本無。

〔六七〕此條賀孫録，成化本於「聖人言詩之教」前另有賀孫與朱子的兩問兩答。底本另作一條，參本卷「賀孫問『思無邪』……是全備得許多零碎底意」。

〔六八〕此條成化本無。

〔六九〕道夫　成化本無。

〔七〇〕夫子言此……願先生指教　成化本爲「云云」。

〔七一〕成化本此下有「又曰：『詩三百篇，雖桑中、鶉奔等詩，亦要使人「思無邪」，只魯頌「思無邪」一句可以當得三百篇之義。猶云三百篇詩雖各因事而發，其用歸於使人「思無邪」，然未若「思無邪」一句説得直截分别』」。底本此部分内容另爲一條，參本卷「先生坐定云……然未若『思無邪』一句説得直截分别」。

〔七二〕又　成化本此上有「問：『讀詩記序中雅、鄭、邪、正之説未明。』曰：『向來看詩中鄭詩、邶、鄘、衛詩便是鄭、衛之音，其詩大段邪淫。伯恭直以謂詩皆賢人所作，皆可歌之宗廟，用之賓客，此甚不然。如國風中亦多有邪淫者。』」

〔七三〕中　成化本無。

〔七四〕事　成化本作「地」。

〔七五〕褱　成化本作「幽」。

〔七六〕又曰詩之小序　成化本爲「大序説止乎禮義亦可疑小序尤不可信」。

〔七七〕凡　成化本此下有「鄭風中」。

〔七八〕頃字不好　成化本爲「如隳覆社稷曰頃」。

〔七九〕頃公　成化本爲「爲衛頃公」。

〔八〇〕芃蘭之詩便指陳幽公便以愿而無立志言之　成化本爲「愿而無立曰僖衡門之詩便以誘陳僖愿而無立志言之」。
〔八一〕詩　成化本此下有「豈是學校中氣象」。
〔八二〕本傳　成化本爲「左傳」。
〔八三〕殊　成化本無。
〔八四〕借　成化本爲「但借」。
〔八五〕一項　成化本爲「第一條」。
〔八六〕此條營録成化本載於卷八十。
〔八七〕事　成化本此下有「如暴虐之詩只刺暴虐之事」。
〔八八〕成化本此下注有「寓」。
〔八九〕先生坐定云……只是思無邪之一言　成化本無。
〔九〇〕先生云　成化本爲「又曰」。
〔九一〕成化本此下注曰：「南升。時舉録別出。」
〔九二〕此亦無邪思也　成化本爲「此曰邪思」。
〔九三〕云　成化本作「某」。
〔九四〕賀孫　成化本無。
〔九五〕得　成化本無。
〔九六〕只怕它　成化本作「怕」。

〔九七〕多　成化本無。
〔九八〕只　成化本無。
〔九九〕問　成化本爲「李兄問」。
〔一〇〇〕成化本此下有「是否曰誠」。底本似脱。
〔一〇一〕性情　成化本爲「情性」。此條下同。
〔一〇二〕成化本此下注有曰：「程子説。」
〔一〇三〕他　王本作「也」。
〔一〇四〕論語　成化本無。
〔一〇五〕看　成化本作「着」。
〔一〇六〕字　成化本爲「二字」。
〔一〇七〕如何看　成化本無。
〔一〇八〕對曰　成化本無。
〔一〇九〕是　成化本無。
〔一一〇〕成化本此下注曰：「去僞録云：『此一句出處，止是説爲孔子見得此一句皆當三百篇之義，故舉以爲説。』餘同。」
〔一一一〕曰　成化本無。
〔一一二〕却　成化本無。
〔一一三〕以爲戒耳　成化本爲「至於做出此詩來，使讀者有所愧耻而以爲戒耳」。

〔一一四〕也　成化本此下有「如周禮有官以掌四夷之樂，蓋不以爲用，亦存之而已。伯恭以爲三百篇皆正詩，皆好人所作。某以爲正聲乃正雅也」。

〔一一五〕之　成化本無。

〔一一六〕此　成化本作「非」。

〔一一七〕詩　成化本無。

〔一一八〕興化鄭樵漁仲　成化本爲「鄭漁仲」。

〔一一九〕之　成化本無。

〔一二〇〕縢璘　成化本作「璘」。

〔一二一〕此條謨録成化本無。

〔一二二〕成化本此下注曰：「寓。范氏説。」

〔一二三〕寓問詩三百一言以蔽之曰思無邪不知如何蔽之以思無邪　成化本爲「問思無邪」。

〔一二四〕謂　成化本無。

〔一二五〕中　成化本無。

〔一二六〕得　成化本無。

〔一二七〕成化本此下注有「寓」。

〔一二八〕自　成化本爲「若自」。

〔一二九〕以　成化本無。

〔一三〇〕思　成化本無。

［一三一］成化本此下注有「集義」。

［一三二］是　成化本作「者」。

［一三三］嚮　成化本無。

［一三四］格　成化本無。

［一三五］它　成化本無。

［一三六］做　成化本無。

［一三七］戒　成化本作「威」。

［一三八］以　成化本作「有」。

［一三九］成化本此下注曰：「南升。論全章。」

［一四〇］此條賀孫録成化本載於卷七十八。

［一四一］子曰　成化本無。

［一四二］民免而無恥　成化本無。

［一四三］有恥且格　成化本無。

［一四四］問道之以德齊之以禮　成化本無。

［一四五］先生曰　成化本無。

［一四六］如晉之伐　成化本爲「晉伐」。

［一四七］做信禮　成化本爲「假禮信」。

［一四八］毫　成化本爲「毫氂」。

〔一四九〕湯使之遺牛羊　成化本爲「湯使人遺之牛羊」。

〔一五〇〕德陰　成化本爲「陰德」。

〔一五一〕其　成化本無。

〔一五二〕民　成化本此下有「者」。

〔一五三〕本非爲　成化本爲「本謂」。

〔一五四〕得　成化本無。

〔一五五〕人　成化本無。

〔一五六〕此條卓録成化本分爲兩條，其中「道之以德者……則是伯者之爲矣」爲一條，載於卷二十三；「問晉伐原以示信……欲項羽殺之而後罪之也」另爲一條，載於卷一百三十四。

〔一五七〕本　成化本無。

〔一五八〕成化本此下注有「集注」。

〔一五九〕其　成化本無。

〔一六〇〕是　成化本無。

〔一六一〕在　成化本無。

〔一六二〕成化本此下注有「集義」。

〔一六三〕已分上説　成化本爲「已上分説」。

〔一六四〕學　成化本爲「志學」。

〔一六五〕説後　成化本爲「到得説後」。

〔一六六〕當　成化本無。
〔一六七〕耳　成化本作「了」。
〔一六八〕知之　成化本爲「如人」。
〔一六九〕此條可學録成化本無。
〔一七〇〕注　成化本無。
〔一七一〕問　成化本爲「漢臣問」。
〔一七二〕如何　成化本無。
〔一七三〕賀孫　成化本作「願」。
〔一七四〕有　成化本此下有「未」。
〔一七五〕問　成化本爲「文振問」。
〔一七六〕自　成化本無。
〔一七七〕天命　成化本爲「知天命」。
〔一七八〕公而　成化本無。
〔一七九〕見　成化本無。
〔一八〇〕寓　成化本無。
〔一八一〕到　成化本爲「到此」。
〔一八二〕成化本此下有「寓」。
〔一八三〕人傑　成化本無。

〔一八四〕問自十五而入大學……固執而不變　成化本作「問」。

〔一八五〕付　成化本作「賦」。

〔一八六〕成化本此下有「曰：『須是見得自家曾不惑，曾知天命否，方是切己。』又云：『天命處，未消説在人之性。且説是付與萬物，乃是事物所以當然之故。如父之慈、子之孝，須知父子只是一個人，慈孝是天之所以與我者』」。這部分内容底本另作一條，參本卷「六十而耳順，是纔聽得一件事，便知道理合是如何……慈孝是天之所以與我者」。

〔一八七〕是　成化本無。

〔一八八〕淳　成化本無。

〔一八九〕但童年未便俱發其事迹未便盡見隨所到處方見否　成化本爲小字「云云」。

〔一九〇〕原處　成化本爲「源頭來處」。

〔一九一〕成化本此下注曰：「總論全章。」

〔一九二〕文蔚問　成化本作「問」。

〔一九三〕吾十有五而志於學……只是志學　成化本爲「志學」。

〔一九四〕三十而立却是持守……自是合當如此　成化本無。

〔一九五〕則又熟矣　成化本無。

〔一九六〕又問　成化本爲「夔問」。

〔一九七〕一　成化本無。

〔一九八〕先生因云　成化本作「曰」。

〔一九九〕則　成化本作「到」。

〔二〇〇〕成化本此下注有「植」。

〔二〇一〕只在志字……皆是無志　成化本無。

〔二〇二〕志學是求知事物當然之理到五十而知天命否　成化本爲「五十知天命」。

〔二〇三〕成化本此下注有「寓」。

〔二〇四〕七十從心所欲不踰矩　成化本無。

〔二〇五〕忠孝　成化本無。

〔二〇六〕程伊川　成化本爲「伊川」。

〔二〇七〕或　成化本爲「吴仁父」。

〔二〇八〕吾十有五而志于學　成化本爲「十五志于學」。

〔二〇九〕問吾十有五而志于學　成化本無。

〔二一〇〕得　成化本無。

〔二一一〕而　成化本無。

〔二一二〕而　成化本無。

〔二一三〕且説　成化本無。

〔二一四〕吾十有五而志于學　成化本爲「十五志學」。

〔二一五〕自　成化本爲「自然」。

〔二一六〕六十而耳順……内外合一　成化本爲「問四十而不惑是於事物當然之理如君之仁臣之敬父之慈

子之孝之類皆曉之而不疑五十知天命是天道流行賦與萬物在人則所受之性所謂仁義禮智渾然無不該之全體知者知之而無不盡」。

［二一七］成化本此下注有「南升」。

［二一八］璘　成化本無。

［二一九］吾十有五而志于學　成化本爲「十五志于學」。

［二二〇］論語　成化本無。

［二二一］大學　成化本無。

［二二二］成化本此下注曰：「銖録此下云：『但人有以陷溺其心，於是此理不明。』」

［二二三］成化本此下注曰：「銖同。集注。」

［二二四］淳　成化本無。

［二二五］也　成化本無。

［二二六］吾十有五志于學　成化本爲「十五志于學」。

［二二七］成化本此下注曰：「植。集注。」

［二二八］問子曰吾十有五而志于學……窮理盡性而至於命　成化本爲：「問十五志于學至七十從心所欲不踰矩程子云窮理盡性以至於命如何」。

［二二九］得　成化本此下有「理」。

［二三〇］此條榦録與前一條榦録，成化本併爲一條。且置前一條榦録内容於此條之後。

［二三一］性之所自來理之所自出此兩句甚好　成化本爲「理之所自來性之所自出此語自是」。

〔二三二〕腦子　成化本爲「一節」。

〔二三三〕上面腦子　成化本爲「這個物事上面有個腦子」。

〔二三四〕成化本此下有「問：『體認莫用思否？』曰：『固是。且如四端雖固有，孟子亦言「思則得之，不思則不得也」。』又曰」。

〔二三五〕賜　成化本爲「夔孫」。

〔二三六〕孟懿子問孝章　成化本爲「懿子問孝至子夏問孝章」。

〔二三七〕孟懿子問孝　成化本無。

〔二三八〕許了　成化本無。

〔二三九〕今　成化本爲「就令」。

〔二四〇〕云　成化本作「之」。

〔二四一〕不　成化本作「只」。

〔二四二〕人之　成化本爲「今人於」。

〔二四三〕名　成化本無。

〔二四四〕得　成化本無。

〔二四五〕亦　成化本無。

〔二四六〕自　成化本無。

〔二四七〕之　成化本作「三」。

〔二四八〕孟武伯問孝章　成化本無，但此下三條皆置於「孟懿子問孝至子夏問孝章」中。

〔二四九〕成化本此下注曰：「以下武伯問孝。」

〔二五〇〕照　成化本無。

〔二五一〕子游問孝章　成化本無，但此下兩條皆置於「孟懿子問孝至子夏問孝章」中。

〔二五二〕者　成化本作「方」。

〔二五三〕孟武伯問孝……而非孝子深愛其親之道　成化本爲「問告子游子夏云云」。

〔二五四〕和　成化本作「時」。

〔二五五〕説得　成化本爲「已説得」。

〔二五六〕成化本此下注有「南升」。

〔二五七〕子夏問孝章　成化本無。

〔二五八〕一之録同　成化本爲「以下子夏問孝」。

〔二五九〕成化本此下有「二音耶」。

〔二六〇〕較　成化本作「説」。

〔二六一〕疾　成化本作「病」。

〔二六二〕夫子使之不背於理……以事其親而後爲孝　成化本爲小字「云云」。

〔二六三〕得　成化本無。

〔二六四〕成化本此下注有「南升」。

〔二六五〕成化本此下注曰：「集注總論四章。」

〔二六六〕此條廣録成化本載於卷九十三。多識，成化本爲「如識」。

〔二六七〕是　成化本爲「則子夏是」。

〔二六八〕過　成化本無。

〔二六九〕只　成化本作「各」。

〔二七〇〕者　成化本作「上」。

〔二七一〕偏失　成化本爲「偏勝」。

〔二七二〕一作勇　成化本無。

〔二七三〕道夫　成化本無。

〔二七四〕恭　成化本此下有「儼恪」。

〔二七五〕成化本此下注曰：「伯羽録云：『敬，只是把做事，小心畏謹，不敢慢道。』」

〔二七六〕水　成化本此下有「以火濟火」。

〔二七七〕壽仁　成化本作「方」。

卷二十四

［一］子曰吾與回言終日不違如愚章　成化本爲「吾與回言章」。

［二］落　成化本此下有「却如何省」。

［三］處　成化本此下有「方有可省處」。

［四］謂　成化本此上有「私不專在無人獨處之地」。

［五］之　成化本無。

［六］到得　成化本無。

［七］祖道　成化本無。

［八］自　成化本無。

［九］成化本此下有「者」。

［一〇］祖道曰……然却不是如此看　成化本無。

［一一］顔回　成化本無。

［一二］明　成化本無。

［一三］禮　成化本爲「禮上」。

［一四］他　成化本爲「他真個見得」。

［一五］又　成化本無。

[一六] 吾與回言一段　成化本無。
[一七] 得　成化本無。
[一八] 成化本此下注有「南升」。
[一九] 未　成化本此上有「化」。
[二〇] 知看　成化本爲「却有」。
[二一] 之學　成化本無。
[二二] 其　成化本無。
[二三] 有　成化本無。
[二四] 萬象　成化本爲「萬變」。
[二五] 回也不違如愚章先生曰説默識心融　成化本爲「默識心融」。
[二六] 融　成化本無。
[二七] 成化本此下注曰：「以下諸説。」
[二八] 之　成化本無。
[二九] 且　成化本爲「且如」。
[三〇] 子曰　成化本無。
[三一] 淳　成化本無。
[三二] 他看　成化本爲「看他」。
[三三] 爲利　成化本爲「爲利者」。

〔三四〕成化本此下注有「集注」。
〔三五〕是晚　成化本無。
〔三六〕視其　成化本無。
〔三七〕觀其所由　成化本無。
〔三八〕云　成化本爲「又云」。
〔三九〕成化本此下注有「南升」。
〔四〇〕問　成化本爲「文振問」。
〔四一〕成化本此下注曰：「義剛録云：『觀人固是如此，觀己亦當如此。』」
〔四二〕此條李儒用録成化本無，但卷二十四載萬人傑録曰：李仲實問：「『視其所以』者，善者爲君子，惡者爲小人。知其小人，不必論也。所由、所安，亦以觀察君子之爲善者否？」曰：「譬如淘米：其糠與沙，其始也固淘去之矣。再三淘之，恐有未盡去之沙粃耳。」
〔四三〕他　成化本無。
〔四四〕是　成化本無。
〔四五〕子曰視其所以……人焉廋哉　成化本無。
〔四六〕非　成化本作「非是」。
〔四七〕自　成化本作「目」。
〔四八〕成化本此下注有「集義」。
〔四九〕賀孫　成化本無。

〔五〇〕子曰　成化本無。

〔五一〕只　成化本無。

〔五二〕學　成化本作「與」。

〔五三〕成化本此下注有「集注」。

〔五四〕先生問文振更看甚處……故可以爲師　成化本爲「問温故知新」。

〔五五〕成化本此下注「南升」。

〔五六〕論語　成化本無。

〔五七〕此以知新爲重　成化本爲「此處知新是重」。

〔五八〕此以温故爲重　成化本爲「乃是温故重」。

〔五九〕各　成化本作「自」。

〔六〇〕是　成化本無。

〔六一〕是　成化本無。

〔六二〕重　成化本此下有「又曰：温故而不知新，一句只是一句了」。

〔六三〕賜　成化本作「夔孫」。

〔六四〕問　成化本爲「仁父問」。

〔六五〕説　成化本作「記」。

〔六六〕不是説孔孟　成化本爲「不説是孔子」。

〔六七〕儘　成化本作「精」。

［六八］其善而莫之違也不亦善乎　成化本無。
［六九］恰　成化本爲「恰如」。
［七〇］子曰　成化本無。
［七一］又　成化本作「只」。
［七二］便如　成化本爲「如便」。
［七三］言語　成化本爲「言語闊」。
［七四］成化本此下注有「集義」。
［七五］子曰　成化本無。
［七六］是　成化本此下有「就」。
［七七］用　成化本此下注曰：「夔孫録云：『體無不備，用無不周，次於聖人者也。』」
［七八］南升　成化本爲「人傑」。
［七九］李儒用録同而少異……用不若聖人之妙耳　成化本無。
［八〇］子曰　成化本無。
［八一］他　成化本無。
［八二］於　成化本作「有」。
［八三］子游子夏　成化本爲「子夏子游」。
［八四］成化本此下注有「集義」。
［八五］君子不器　成化本無。

〔八六〕推　成化本作「器」。
〔八七〕者　成化本作「若」。
〔八八〕言　成化本爲「所言」。
〔八九〕處　成化本此下有「主意」。
〔九〇〕此　成化本無。
〔九一〕辛　成化本無。
〔九二〕二　成化本爲「南升」。
〔九三〕子曰　成化本無。
〔九四〕子曰君子周而不比小人比而不周　成化本無。
〔九五〕問周而不比　成化本無。
〔九六〕是　成化本無。
〔九七〕一　成化本無。
〔九八〕成化本此下注曰：「按『忠信爲周』，他録别有定説。」
〔九九〕君子周而不比小人比而不周　成化本作「比周」。
〔一〇〇〕同　成化本爲「周普」。
〔一〇一〕明作　成化本作「明」。
〔一〇二〕君子周而不比小人比而不周　成化本作「比周」。
〔一〇三〕成化本此下注有「集注」。

〔一〇四〕君子　成化本無。
〔一〇五〕之　成化本此下有「謂」。
〔一〇六〕之中　成化本無。
〔一〇七〕豈是不周　王本爲「豈不是周」。
〔一〇八〕君子周而不比小人比而不周　成化本作「比周」。
〔一〇九〕君子　成化本無。
〔一一〇〕小人　成化本無。
〔一一一〕辛　成化本爲「集義」。
〔一一二〕君子周而不比……而不能周遍　成化本爲「比周」。
〔一一三〕先生又云　成化本無。
〔一一四〕成化本此下注有「南升」。
〔一一五〕節　成化本無。
〔一一六〕君子周而不比　成化本無。
〔一一七〕下　成化本無。
〔一一八〕恪　成化本無。
〔一一九〕君子周而不比小人比而不周　成化本作「比周」。
〔一二〇〕集　成化本無。
〔一二一〕須看箴曰哲人　成化本爲「須着如此方得」。

〔一二二〕季札　成化本作「愘」。
〔一二三〕周而不比　成化本無。
〔一二四〕子曰　成化本無。
〔一二五〕主知　成化本爲「主於知」。
〔一二六〕人　成化本無。
〔一二七〕去　成化本作「不」。
〔一二八〕所學底事　成化本爲「問學是學其事思是思其理否曰思只是思所學底事」。
〔一二九〕做　成化本無。
〔一三〇〕學而不思　成化本無。
〔一三一〕是　成化本作「思」。
〔一三二〕徐問學而不思則罔思而不學則殆先生曰　成化本無。
〔一三三〕辛　成化本無。
〔一三四〕問學思曰　成化本無。
〔一三五〕成化本此下注有「植」。
〔一三六〕問學而不思則罔……但中明説事迹處似開了　成化本無。
〔一三七〕成化本此下注有「南升」。
〔一三八〕問　成化本爲「或問」。
〔一三九〕下　成化本無。

［一四〇］又　成化本無。

［一四一］學而不思思而不學一章本文只説學與思　成化本無。

［一四二］子曰學而不思則罔思而不學則殆　成化本作「問」。

［一四三］謝　成化本爲「謝氏」。

［一四四］也　成化本無。

［一四五］成化本此下注有「集義」。

［一四六］子曰　成化本無。

［一四七］子曰攻乎異端斯害也已　成化本無。

［一四八］只合作攻治之攻　成化本無。

［一四九］便　成化本無。

［一五〇］賀孫　成化本無。

［一五一］攻乎異端斯害也已集注云　成化本爲「程子曰」。

［一五二］有　王本作「看」。

［一五三］攻乎異端章　成化本無。

［一五四］葉賀孫　成化本爲「味道」。

［一五五］攻乎異端　成化本無。

［一五六］先生　成化本無。

［一五七］説　成化本此下有「愈深」。

〔一五八〕辛　成化本無。

〔一五九〕行去　成化本爲「去學他」。

〔一六〇〕攻乎異端　成化本無。

〔一六一〕分明是　成化本爲「聖人之意分明只是」。

〔一六二〕枉費了心力　成化本爲「枉費力」。

〔一六三〕成化本此下注有「集義」。

〔一六四〕子曰　成化本無。

〔一六五〕曰　成化本無。

〔一六六〕一　成化本無。

〔一六七〕程　成化本無。

〔一六八〕節　成化本無。

〔一六九〕知之爲知之三句　成化本無。

〔一七〇〕辛　成化本無。

〔一七一〕子張　成化本無。

〔一七二〕爲　成化本作「所」。

〔一七三〕而　成化本作「以」。

〔一七四〕者　成化本此下有「而」。

〔一七五〕有　成化本無。

〔一七六〕別　成化本爲「別有」。

〔一七七〕主　成化本作「止」。

〔一七八〕如　成化本無。

〔一七九〕成化本此下注有「淳」，且此條載於卷三十四。

〔一八〇〕讀多聞擇其善者而從之一章云　成化本無。

〔一八一〕子張　成化本無。

〔一八二〕一　成化本無。

〔一八三〕古人做底事而欲學了　成化本爲「見古人做底事而欲學之」。

〔一八四〕義　成化本無。

〔一八五〕悔　成化本此下有「行而多悔」。

〔一八六〕成化本此下注有「節」。

〔一八七〕徐問子張學干禄一章　成化本爲「徐問學干禄章」。

〔一八八〕闕　成化本作「闕」。

〔一八九〕則必有悔於己　成化本爲「則己必有悔」。

〔一九〇〕子張學干禄　成化本無。

〔一九一〕人雖不教人以求禄　成化本爲「人不教人求禄」。

〔一九二〕而　成化本無。

〔一九三〕辛　成化本無。

〔一九四〕先生曰學者爲學……又曰　成化本無。

〔一九五〕其間工夫有許多節次……何暇外慕　成化本爲「便是修其天爵而人爵自至」。

〔一九六〕若能　成化本作「曰」。

〔一九七〕章　成化本作「意」。

〔一九八〕來　成化本此下注曰：「時舉録作：『聖人之心，只教他謹言行，因帶禄説。』」

〔一九九〕求　成化本此下注曰：「或作『期』。」

〔二〇〇〕將此等語思量便見　成化本無。

〔二〇一〕云　成化本作「爲」。

〔二〇二〕用博　成化本爲「須用博學」。

〔二〇三〕者　成化本無。

〔二〇四〕成化本此下注曰：「南升。時舉録小異。」

〔二〇五〕睹常　成化本爲「睹當」。

〔二〇六〕此條閎祖録成化本載於卷四十五。

〔二〇七〕中　成化本爲「其中」。

〔二〇八〕此條時舉録成化本無。

〔二〇九〕諸　成化本無。

〔二一〇〕最要　成化本爲「人最要」。

〔二一一〕成化本此下注曰：「銖録云：『此是自修工夫。』」

〔二一二〕成化本此下注有「銖同」。

〔二一三〕而　成化本作「爲」。

〔二一四〕君子　成化本爲「此君子」。

〔二一五〕忠　成化本此下有「於己」。

〔二一六〕季康子問使民敬忠以勸　成化本無。

〔二一七〕是　成化本無。

〔二一八〕在我者容貌端莊以臨其民……則民自有所勸而樂於爲善　成化本無。

〔二一九〕又問或人問夫子何故不仕……更宜涵泳　成化本無。

〔二二〇〕又問子張問十世可知之章……皆可得而前知也　成化本爲「問十世可知」。

〔二二一〕世　成化本作「且」。

〔二二二〕使臣　成化本作「便至」。

〔二二三〕地　成化本作「重」。

〔二二四〕子曰　成化本無。

〔二二五〕人而無信章　成化本無。

〔二二六〕則　成化本無。

〔二二七〕儒　底本闕，據成化本補。

〔二二八〕賀孫　成化本無。

〔二二九〕否　成化本無。

〔二三〇〕否　成化本無。
〔二三一〕祖道謨同　成化本爲「去僞」。
〔二三二〕成化本此下注曰：「以下集注。」
〔二三三〕賀孫　成化本無。
〔二三四〕藩鎮之弊遂盡削　成化本無。
〔二三五〕朔　成化本作「州」。
〔二三六〕有　成化本作「是」。
〔二三七〕底　成化本此下有「雖如秦之絶滅先王禮法，然依舊有君臣、有父子、有夫婦，依舊廢這個不得」。
〔二三八〕問子張問十世可知也先生云　成化本無。
〔二三九〕譬　成化本無。
〔二四〇〕因舉　成化本無。
〔二四一〕與　成化本爲「正與」。
〔二四二〕此條論秦……後放此　成化本無。
〔二四三〕子張問十世可知也……先生曰　成化本無。
〔二四四〕因舉馬氏古注曰　成化本爲「馬氏注」。
〔二四五〕只是在　成化本爲「在只是」，「在」連上讀。
〔二四六〕只　成化本無。
〔二四七〕者　成化本無。

〔二四八〕討　成化本作「計」。

〔二四九〕前漢　成化本爲「前後」。

〔二五〇〕子曰　成化本無。

〔二五一〕諂也　成化本無。

〔二五二〕者　成化本作「若」，連下讀。

〔二五三〕賀孫　成化本無。

〔二五四〕上　成化本爲「上句」。

〔二五五〕此條恪録成化本無。

〔二五六〕見　成化本作「是」。

〔二五七〕是　成化本此下有「先時」。

〔二五八〕成化本此下注曰：「恪録别出。」蓋因上條恪録成化本無，故於此注明另有恪録與此條賀孫録内容相類。

卷二十五

［一］添人多數　成化本爲「多添人數」。

［二］此條成化本無。

［三］子升兄問　成化本爲「子升」。

［四］季氏舞八佾章　成化本無。

［五］中　成化本無。

［六］孔子　成化本爲「如孔子」。

［七］叵　底本闕，據成化本補。

［八］此條成化本無。

［九］又　成化本無。

［一〇］在　成化本無。

［一一］便　成化本作「道」。

［一二］是　成化本無。

［一三］三家者以雍徹……奚取於三家之堂　成化本無。

［一四］童蜚卿　成化本爲「蜚卿」。

［一五］人而不仁如樂何　成化本無。

〔一六〕此　成化本無。

〔一七〕成化本此下注有「可學」。

〔一八〕只　成化本無。

〔一九〕成化本此下有「何」。

〔二〇〕成化本此下注曰：「儒用録云：『不莊不敬，不和不樂，便是不仁。暴慢鄙詐，則無如禮樂何矣。』」

〔二一〕成化本此下注曰：「儒用同。」

〔二二〕此條儒用録成化本無，但取部分儒用録内容夾於上條人傑録中，並於人傑録後注以「儒用同」。

〔二三〕問人而不仁……先生曰　成化本無。

〔二四〕其　成化本無。

〔二五〕亞夫問人而不仁如禮何一章　成化本無。

〔二六〕是　成化本無。

〔二七〕此條處謙録成化本無。

〔二八〕問人而不仁……先生曰　成化本無。

〔二九〕自與禮樂不相干事　成化本所録爲詳，文曰：如人身體麻木，都不醒了，自是與禮樂不相干事所以孟子説：「學問之道無他，求其放心而已矣。」只是一個求放心，更無别工夫。或曰：「初求放心時，須是執持在此，不可令他放。」曰：「也不用擒捉他，只是要常在這裏。」或曰：「只是常常省察照管得在便得，不可用心去把持擒捉他。」曰：「然。只知得不在，纔省悟便在這裏。」或曰：「某人只恁擒制這心，少間倒生出病痛，心氣不定。」曰：「不是如此。只是要照管常在此便得。」

〔三〇〕 僩　成化本無。

〔三一〕 節　成化本無。

〔三二〕 程子曰　成化本無。

〔三三〕 何如　成化本無。

〔三四〕 節　成化本無。

〔三五〕 人而不仁如禮何　成化本無。

〔三六〕 成化本此下注有「南升」。

〔三七〕 却　成化本作「者」。

〔三八〕 莫　成化本無。

〔三九〕 人而不仁如禮何人而不仁如樂何　成化本無。

〔四〇〕 以今觀之則前二説與後説不相似　成化本爲「今觀前二説與後説不相似」。

〔四一〕 先生顧道夫　成化本無。

〔四二〕 道夫　成化本無。

〔四三〕 以　成化本爲「所以」。

〔四四〕 如　成化本無。

〔四五〕 子曰人而不仁如禮何人而不仁如樂何　成化本無。

〔四六〕 成化本此下有「不必恁地」。

〔四七〕 成化本此下有「尹先生皆」四字。

［四八］如何　成化本爲「如何是正理」。
［四九］成化本此下注有「集義」。
［五〇］淳　成化本無。
［五一］與　成化本爲「與其」。
［五二］已　成化本作「尚」。
［五三］如爲君臣者　成化本爲「如君臣」。
［五四］惟喪禮獨不可　成化本爲「問喪與其易也寧戚曰其他冠昏祭祀皆是禮故皆可謂與其奢也寧儉惟喪禮獨不可」。底本此處似脱。
［五五］聖人　成化本無。
［五六］喪　成化本無。
［五七］之　成化本無。
［五八］揔揔　成化本爲「縱縱」。
［五九］吉事欲其提提爾　成化本無。
［六〇］冠昏喪祭皆是禮　成化本無。
［六一］是　成化本無。
［六二］是　成化本無。
［六三］又　成化本無。
［六四］蓋周室既衰……禮與其奢也寧儉　成化本無。

〔六五〕奢　成化本爲「奢易」。
〔六六〕成化本此下有「故寧儉而質。喪主於哀戚，故立衰麻哭踊之數以節之。今若一向治其禮文，而無哀戚之意，則去本已遠」。
〔六七〕成化本此下注有「南升」。
〔六八〕林放問禮之本……與其易也寧戚　成化本無。
〔六九〕子曰夷狄之有君不如諸夏之亡也　成化本無。
〔七〇〕事見僖公十一年狐突云云　成化本無。
〔七一〕問君子無所争……豈若小人之争乎　成化本爲「問君子無所争章」。
〔七二〕成化本此下注有「南升」。
〔七三〕不合　成化本作「全」。
〔七四〕成化本此下注曰：「去僞同。」
〔七五〕酱　成化本無。
〔七六〕素以爲絢諸説不同　成化本無。
〔七七〕此條成化本無。
〔七八〕子曰……吾能徵之矣　成化本無。
〔七九〕此　成化本作「些」。
〔八〇〕此條成化本無。
〔八一〕成化本此下注曰：「方子録云：『所自出之帝無廟。』」

［八二］得　成化本無。

［八三］謂主者既立始祖之廟……而以始祖配之也　成化本爲「廣云」。

［八四］又　成化本無。

［八五］因説誠者物之終始　成化本爲「問：『「誠者物之終始，不誠無物」，是實有是理而後有是物否』」。

［八六］且　成化本此上有「且看他聖人説底正文語脈，蓋『誠者物之終始』，却是事物之實理始終無有間斷，自開闢以來以至人物消盡，只是如此。在人之心，苟誠實無僞，則徹頭徹尾無非此理。一有間斷，則就間斷處即非誠矣。如聖人至誠，便是自始生至没身，首尾是誠。顔子不違仁，便是自三月之初爲誠之始，三月之末爲誠之終，三月以後便不能不間斷矣。『日月至焉』只就至焉時便爲終始，至焉之外即間斷而無誠，無誠即無物矣。不誠則『心不在焉，視不見，聽不聞』，是雖謂之無耳目可也」。

［八七］成化本此下注曰：「閎祖録云：『不誠，雖有物猶無物，如禘自既灌，誠意一散如不祭一般。』」且此條大雅録成化本載於卷六十四。

［八八］問　成化本爲「仁父問」。

［八九］若不王不禘時合自着恁地説將來　成化本爲「若不王不禘而今自着恁地説將來」。

［九〇］成化本此下有「正」。

［九一］看　成化本爲「某看」。

［九二］德　成化本爲「至德」。

［九三］實　成化本作「至」。

［九四］且　成化本作「是」。

〔九五〕究　成化本作「述」。
〔九六〕於閔公之上　成化本無。
〔九七〕之　成化本無。
〔九八〕每　成化本作「設」。
〔九九〕只　成化本無。
〔一〇〇〕子曰禘自既灌而往者吾不欲觀之矣　成化本無。
〔一〇一〕以　成化本無。
〔一〇二〕又　成化本無。
〔一〇三〕孔子答以不知……莫深於禘　成化本爲「集注所謂」。
〔一〇四〕故曰知此説者……其治天下不難矣　成化本無。
〔一〇五〕賀孫　成化本爲「南升」。
〔一〇六〕禘之説　成化本無。
〔一〇七〕之　成化本無。
〔一〇八〕尊　成化本作「光」。
〔一〇九〕説　成化本作「法」。
〔一一〇〕成化本此下有「法」。
〔一一一〕所　成化本無。
〔一一二〕也　王本作「他」。

[一一三] 見義　成化本爲「見得義理」。

[一一四] 治天下不難也　成化本爲「所以治天下不難也」。

[一一五] 問　成化本爲「叔共問」。

[一一六] 也　成化本作「已」。

[一一七] 成化本此下注有「時舉」。

[一一八] 兄　成化本無。

[一一九] 今　成化本無。

[一二〇] 集注云　成化本無。

[一二一] 去僞録同　成化本無。

[一二二] 或問禘之説章先生謂　成化本無。

[一二三] 成化本此下有「真」。

[一二四] 問　成化本爲「仁父問」。

[一二五] 集注云　成化本無。

[一二六] 意思　成化本無。

[一二七] 怕　成化本作「惟」。

[一二八] 他　成化本爲「他説」。

[一二九] 這　成化本無。

[一三〇] 約　成化本爲「依約」。

〔一三一〕淳　成化本無。
〔一三二〕如此　成化本作「此處」。
〔一三三〕集義　成化本無。
〔一三四〕其　成化本作「真」。
〔一三五〕近　成化本作「邊」。
〔一三六〕成化本此下注有「寓」。
〔一三七〕問　成化本爲「或問」。
〔一三八〕之　成化本無。
〔一三九〕孔子　成化本無。
〔一四〇〕祖　成化本爲「祖先」。
〔一四一〕以　成化本無。
〔一四二〕神　成化本無。
〔一四三〕成化本此下有「如」。
〔一四四〕此　成化本無。
〔一四五〕不得祭　成化本無。
〔一四六〕盡其　成化本爲「是此」。
〔一四七〕成化本此下注有「南升」。
〔一四八〕此條恪録成化本載於卷三。

〔一四九〕謂　成化本作「神」。

〔一五〇〕問　成化本作「曰」。

〔一五一〕實　成化本無。

〔一五二〕問　成化本作「曰」。

〔一五三〕子美　成化本爲「子善」。

〔一五四〕王孫賈問曰……先生曰　成化本無。

〔一五五〕無所禱也　成化本爲「則無所禱」。

〔一五六〕恐　成化本作「便」。

〔一五七〕此　成化本無。

〔一五八〕集注　成化本作「注」。

〔一五九〕其尊無對非奧竈之可比也　成化本無。

〔一六〇〕成化本此下有「否」。

〔一六一〕只　成化本爲「只見」。

〔一六二〕因説與其媚於奧寧媚於竈　成化本無。

〔一六三〕必　成化本作「恐」。

〔一六四〕元秉　成化本爲「儒用」。

〔一六五〕此是始仕之時入而助祭也……先生云　成化本無。

〔一六六〕聖人謂古人之射不主皮者……先生曰　成化本無。

〔一六七〕 黄直卿云是冲誨否先生曰然 成化本無，且此條末尾注有「南升」。

〔一六八〕 問 成化本爲「或問」。

〔一六九〕 又如 成化本無。

〔一七〇〕 皆 成化本無。

〔一七一〕 是 成化本無。

〔一七二〕 故聖人謂 成化本無。

〔一七三〕 正甫之意大段全説貫革底不是 成化本無。

〔一七四〕 又舉詩舍矢如破之本意 成化本爲「又舉詩舍矢如破曰射之本意」。

〔一七五〕 成化本此下注有「倪。植同」。

〔一七六〕 子曰射不主皮爲力不同科古之道也 成化本無。

〔一七七〕 子 成化本作「上」。

〔一七八〕 了 成化本無。

〔一七九〕 更 成化本無。

〔一八〇〕 了 成化本無。

〔一八一〕 集義 成化本無。

〔一八二〕 此處 成化本無。

〔一八三〕 此條賀孫録成化本分爲兩條：「居父問餼羊……非指特爲牛也」置於「子貢欲去告朔之餼羊章」下，「問五祀皆設主而祭於所……是無所考也」置於「與其媚於奥章」下。

〔一八四〕拜　成化本此上有「如」。

〔一八五〕孔子　成化本此上有「而」。

〔一八六〕見　成化本爲「孔子」。

〔一八七〕此　成化本無。

〔一八八〕祖道謨録同　成化本爲「去僞」。

〔一八九〕淳　成化本無。

〔一九〇〕此條僩録成化本無，但於本卷載僩録另一條：問：「『關雎樂而不淫，哀而不傷』，於詩何以見之？」曰：「憂止於『輾轉反側』，若憂愁哭泣，則傷矣；樂止於鐘鼓琴瑟，若沉湎淫泆，則淫矣。」且於此條末注曰：「又云：『是詩人得性情之正也。』」

〔一九一〕關雎之義……其得情性之正如此　成化本爲「關雎之詩得情性之正如此」。

〔一九二〕成化本此下注曰：「南升。集注。」

〔一九三〕又　成化本無。

〔一九四〕講　成化本爲「講者」。

〔一九五〕只　成化本無。

〔一九六〕樂　成化本爲「哀樂」。

〔一九七〕説　成化本無。

〔一九八〕問　成化本此上有「堯卿問：『社主平時藏在何處？』曰：『向來沙隨説，以所宜木刻而爲主。某嘗辨之，後來覺得却是。但以所宜木爲主，如今世俗神樹模樣，非是將木來截作主也。以木名社，如櫟社、枌榆社之類。』「又」。

〔一九九〕之　成化本無。

〔二〇〇〕問　成化本爲「又問」。

〔二〇一〕神　成化本此下有「又曰：『周禮，亡國之神却用刑人爲尸。一部周禮却是看得天理爛熟也。』」

〔二〇二〕成化本此下注有「以下社」。且此條夔孫録載於卷九十。

〔二〇三〕木之　成化本無。

〔二〇四〕哀公問社於宰我　成化本無。

〔二〇五〕冉有　成化本爲「宰我」。

〔二〇六〕成化本此下注有「淳」。

〔二〇七〕此條成化本無。

〔二〇八〕哀公問社一節　成化本無。

〔二〇九〕講者　成化本無。

〔二一〇〕祖道　成化本爲「去僞」。

〔二一一〕娶　成化本爲「一娶」。

〔二一二〕未　成化本作「不」。

〔二一三〕成化本此下注有「集注」。

〔二一四〕問　成化本爲「林聞一問」。

〔二一五〕管仲之器小哉集注云度量褊淺規模卑狹　成化本爲「度量褊淺規模卑狹」。

〔二一六〕董銖録無度量以下十字　成化本無。

〔二一七〕董録此便器小處五字作此所謂度量褊淺　成化本無。

〔二一八〕其　成化本無。

〔二一九〕者　成化本無。

〔二二〇〕皆　成化本無。

〔二二一〕在學者身體之　成化本爲「在學者身上論之」。

〔二二二〕此　成化本無。

〔二二三〕有厚薄　成化本爲「有厚有薄」。

〔二二四〕莫　成化本此上有「器」。

〔二二五〕充　成化本爲「充滿」。

〔二二六〕器小言　成化本無。

〔二二七〕還　成化本無。

〔二二八〕以　成化本作「與」。

〔二二九〕公　成化本無。

〔二三〇〕與　成化本無。

〔二三一〕南巡　成化本無。

〔二三二〕自然　成化本無。

〔二三三〕它　成化本無。

〔二三四〕它　成化本爲「想它」。
〔二三五〕大故大了　成化本爲「大處大故」。
〔二三六〕將　成化本無。
〔二三七〕或曰管仲儉乎……孔子告之僭禮　成化本無。
〔二三八〕今　成化本無。
〔二三九〕公　成化本爲「某云」。
〔二四〇〕知　成化本作「如」。
〔二四一〕休　底本闕，據成化本補。
〔二四二〕事　成化本作「最」。
〔二四三〕當　成化本無。
〔二四四〕告　成化本爲「下告」。
〔二四五〕國　成化本作「周」。
〔二四六〕成化本此下注有「南升」。
〔二四七〕説管仲之器小哉　成化本爲「蕭景昭」。
〔二四八〕乎　成化本無。
〔二四九〕規矩準繩　成化本無。
〔二五〇〕則　成化本無。
〔二五一〕門户中做來　成化本爲「門户來」。

〔二五二〕六年　底本闕，據成化本補，且此下注曰：「一作『疏淺』。」

〔二五三〕踏　成化本無。

〔二五四〕苛刻　成化本爲「苛虐」。

〔二五五〕是皆　成化本爲「皆是」。

〔二五六〕至　成化本無。

〔二五七〕至淺　成化本爲「量淺」。

〔二五八〕以之爲心……則無所施而不可　成化本爲「以之爲己則順而祥以之爲人則愛而公以之爲心則和而平以之爲天下國家無所處而不當」。

〔二五九〕知　成化本作「之」。

〔二六〇〕之人　成化本無。

〔二六一〕道夫　成化本作「驤」。

〔二六二〕子語魯太師樂者……故孔子呼而教之　成化本無。

〔二六三〕言一齊奏作也從之純如　成化本無。

〔二六四〕皦如也　成化本無。

〔二六五〕繹如也以成　成化本無。

〔二六六〕或　成化本無。

〔二六七〕成化本此下注有「南升」。

〔二六八〕即　成化本無。

〔二六九〕裹　成化本無。

〔二七〇〕儀封人　成化本無。

〔二七一〕又　成化本無。

〔二七二〕儀封人謂亂極當治天必將使夫子得位振文教於天下　成化本爲「儀封人」。

〔二七三〕此　成化本無。

〔二七四〕成化本此下注有「南升」。

〔二七五〕百里之地　成化本爲「得百里之地」。

〔二七六〕行一不義殺一不辜而不爲　成化本爲「行一不義殺一不辜而得天下不爲是則同也舜武同異正如此故武之德雖比舜自有深淺而治功亦不多争」。

〔二七七〕正如　成化本爲「正是」。

〔二七八〕便做個向北意思　成化本爲「周在南商在北此便做個向北意思」。

〔二七九〕成化本此下有「又做個轉歸南意思」。

〔二八〇〕宜　成化本作「肯」。

〔二八一〕殺　成化本作「數」。

〔二八二〕詳見樂記　成化本無。

〔二八三〕此　成化本爲「觀此」。

〔二八四〕時舉　成化本作「恪」。

〔二八五〕問孔子稱舜之韶……故曰未盡善　成化本無。

〔二八六〕先生云　成化本無。
〔二八七〕來　成化本作「本」，屬下讀。
〔二八八〕蓋氣象便不恁地和　成化本爲「蓋是象伐紂之事其所謂北出者乃是自南而北伐紂也看得樂氣象便不恁地和」。
〔二八九〕成化本此下注有「南升」。
〔二九〇〕韶武章先生解曰　成化本爲「集注」。
〔二九一〕成化本此下注有「集注」。
〔二九二〕子謂韶盡美矣何以謂善者美之實　成化本爲「善者美之實」。
〔二九三〕之　成化本無。
〔二九四〕武未盡善注云善者美之實何也　成化本爲「善者美之實」。
〔二九五〕武王　成化本爲「是武王」。
〔二九六〕成化本此下有「底」。
〔二九七〕也　成化本無。
〔二九八〕韶　成化本爲「韶武」。
〔二九九〕成化本此下有「紂」。
〔三〇〇〕吴氏稗傳　底本闕「吴」和「稗」，據成化本補。
〔三〇一〕將　成化本爲「則彼將」。
〔三〇二〕或曰　成化本無。

〔三〇三〕今　成化本作「雖」。

〔三〇四〕且　成化本無。

〔三〇五〕紂　成化本作「討」。

〔三〇六〕且　成化本無。

〔三〇七〕得　成化本無。

〔三〇八〕此條時舉録成化本無。

〔三〇九〕子謂韶……未盡善也　成化本無。

〔三一〇〕范公　成化本爲「范氏」。

〔三一一〕成化本此下有「曰」。

〔三一二〕是　成化本無。

〔三一三〕方就　成化本爲「方可就」。

〔三一四〕然後　成化本無。

〔三一五〕一　成化本無。

〔三一六〕是　成化本無。

卷二十六

〔一〕淳　成化本無。

〔二〕寓　成化本無。

〔三〕此條賀孫録成化本以部分内容爲注，附於義剛録後，參成化本卷二十六義剛録「問既是失其本心……也有不便恁地底」。

〔四〕是足　成化本爲「具足」。

〔五〕怡怡　成化本爲「帖帖」。

〔六〕僩録同　成化本無。

〔七〕何以爲　成化本無。

〔八〕則　成化本無。

〔九〕下與智者利仁不同　成化本爲「與利仁不同」。

〔一〇〕言語必信非以正行也經德不回非以干禄也　成化本爲「經德不回非以干禄也言語必信非以正行也」。

〔一一〕成化本此下注有「集義」。

〔一二〕惟　成化本無。

〔一三〕且　成化本無。

［一四］寓　成化本無。
［一五］謝氏之説　成化本無。
［一六］成化本此下注有「寓」。
［一七］問集注引程子得其公正四字……程子只着個公正二字解　成化本爲「蕭景昭説此章先生云注中引程子所謂得其公正是如何答云只是好惡當理便是公正先生曰程子只着個公正二字解」。
［一八］這　成化本無。
［一九］未　成化本爲「又未必」。
［二〇］好　成化本爲「好人」。
［二一］成化本此下注有「南升」。
［二二］答　成化本無。
［二三］是人之所欲　成化本無。
［二四］問　成化本爲「文振問」。
［二五］答　成化本無。
［二六］泯此理　成化本爲「泯默」。
［二七］恐有言無不讎　成化本爲「怨有不讎」。
［二八］以利澤生人者也　成化本無。
［二九］徒欲富貴之……良心常在如此　成化本爲「徒欲富貴其身」。
［三〇］於　成化本作「我」。

[三一] 一句 成化本爲「一句密似一句」。
[三二] 成化本此下有「南升」。
[三三] 不 成化本此前有「或問：『富貴不處，是安於義；貧賤不去，是安於命。』曰：『此語固是。但須知如何此是安義，彼是安命。蓋吾何求哉？求安於義理而已』」。
[三四] 於 成化本無。
[三五] 張子韶 成化本此下有「説」。
[三六] 正卿 成化本爲「學蒙」。
[三七] 君子去仁 成化本爲「君子去仁之去只音去聲」。
[三八] 此仁 成化本無。
[三九] 音去聲則是除却了非也 成化本爲「若作上聲則是除却」。
[四〇] 明作 成化本爲「賀孫」。且成化本此下注曰：「明作録云：『是除却了，非也。』」
[四一] 一 成化本無。
[四二] 無立處脚 成化本爲「無立脚處」。
[四三] 成化本此下注曰：「一作『下面工夫，無緣可見』。」
[四四] 一本其它可見作下面工夫無緣可見 成化本無。
[四五] 奢 成化本作「舍」。
[四六] 聖人去富貴貧賤時節 成化本爲「聖人去富貴貧賤上做工夫不是處富貴貧賤時節」。
[四七] 若 成化本無。

〔四八〕要更　成化本爲「更要」。
〔四九〕討　成化本作「詩」。
〔五〇〕成化本此下注有「寓」。
〔五一〕於　成化本無。
〔五二〕成化本此下注曰：「夔孫録此下云：『然必先「無終食違仁」，然後「造次、顛沛必於是」。』」
〔五三〕之　成化本無。
〔五四〕伯豐　成化本無。
〔五五〕去　成化本作「之」。
〔五六〕及　成化本無。
〔五七〕之　成化本此下有「是患不得之」。
〔五八〕成化本此下注有「必大」。
〔五九〕好仁者恶不仁者　成化本無。
〔六〇〕到　成化本爲「到得」。
〔六一〕不　成化本作「否」。
〔六二〕此條淳録成化本無。
〔六三〕那　成化本作「財」。
〔六四〕是　成化本爲「不是」。
〔六五〕成化本此下注有「畚」。

〔六六〕賀孫　成化本無。

〔六七〕言　成化本作「當」。

〔六八〕嵤　成化本爲「賀孫」，且此下注有「集注」。

〔六九〕寓　成化本無。

〔七〇〕我未見好仁者惡不仁者　成化本無。

〔七一〕成化本此下注有「寓」。

〔七二〕寓　成化本無。

〔七三〕爲　成化本作「是」。

〔七四〕問富與貴是人之所欲　成化本無。

〔七五〕又　成化本無。

〔七六〕如　成化本作「無」。

〔七七〕成化本此下注有「寓」。

〔七八〕此條成化本無。

〔七九〕如此　成化本無。

〔八〇〕祖道人傑謨並同　成化本爲「去僞集義」。

〔八一〕成化本此下注有「淳」。

〔八二〕待　成化本無。

〔八三〕則　成化本作「只」。

〔八四〕不踐生物　成化本爲「不踐生草不食生物」。
〔八五〕禮字　成化本無。
〔八六〕成化本此下注有「南升」。
〔八七〕植　成化本爲「性之」。
〔八八〕問各於其黨觀過斯知仁矣　成化本無。
〔八九〕祖道謨録同　成化本爲「去僞」。
〔九〇〕人不能無過……各於其類如此　成化本無。
〔九一〕若是過於薄與忍便見得小人失其本心矣　成化本無。
〔九二〕成化本此下注有「南升」。
〔九三〕於　成化本作「之」。
〔九四〕却　成化本無。
〔九五〕其説以謂　成化本作「云」。
〔九六〕祖道　成化本爲「去爲」，當爲「去僞」。
〔九七〕夕死可矣　成化本無。
〔九八〕果爾……如佛氏之説也　成化本無。
〔九九〕季札　成化本作「恪」。
〔一〇〇〕成化本此下注曰：「此説與集注少異，讀者詳之。」
〔一〇一〕寓　成化本無。

[一〇二] 成化本此下注有「集義」。

[一〇三] 程安卿　成化本爲「安卿」。

[一〇四] 成化本此下注曰：「淳録云：『實理與實見不同。蓋有那實理，人須是見得。見得恁地確定便是實見，若不實見得又都閑了。』」

[一〇五] 便　成化本無。

[一〇六] 得　成化本無。

[一〇七] 道　成化本作「這」。

[一〇八] 道　成化本無。

[一〇九] 却　成化本無。

[一一〇] 成化本此下注有「賀孫」。

[一一一] 者　成化本無。

[一一二] 者　成化本無。

[一一三] 此段詳見苟志於仁章　成化本無。底本於「苟志於仁章」亦載此條僩録，稍詳。成化本僅載於「苟志於仁章」。

[一一四] 但　成化本無。

[一一五] 張欽夫　成化本爲「欽夫」。

[一一六] 謝上蔡　成化本爲「上蔡」。

[一一七] 君臣父子　成化本爲「君子」。

［一一八］須得　成化本爲「須處得」。
［一一九］成化本此下注有「南升」。
［一二〇］僕　成化本作「某」。此條下同。
［一二一］又問……此段也分明　成化本無。
［一二二］成化本此下注有「南升」。
［一二三］多怨　成化本無。
［一二四］事　成化本作「人」。
［一二五］成化本此下注有「南升」。
［一二六］此條祖道録成化本無。
［一二七］吴仁父問此章　成化本無。
［一二八］問能以禮讓爲國　成化本無。
［一二九］譬　成化本爲「譬如」。
［一三〇］賀孫　成化本無。
［一三一］集注云　成化本無。
［一三二］前　成化本此上有「曰」。
［一三三］雖　成化本無。
［一三四］又　成化本無。
［一三五］成化本此下注有「南升」。

〔一三六〕如　成化本無。

〔一三七〕大意　成化本無。

〔一三八〕成化本此下注有「賀孫」。

卷二十七

〔一〕因讀吾道一以貫之 成化本無。

〔二〕極 成化本爲「太極」。

〔三〕此條泳録成化本以部分内容爲注，附於淳録後，參成化本卷一百十七淳録「淳有問目段子……道那散底不是錢」條。

〔四〕本領者……本領者 成化本爲「本領若……本領若」。

〔五〕此條泳録成化本無，但卷二十七載可學録曰：忠是本根，恕是枝葉。非是別有枝葉，乃是本根中發出枝葉，枝葉即是本根。曾子爲於此事皆明白，但未知聖人是總處發出，故夫子語之。

〔六〕壽仁 成化本爲「拱壽」。

〔七〕忠恕一以貫之 成化本無。

〔八〕是 成化本爲「只是」。

〔九〕百般千萬般個 成化本爲「百千萬個」。

〔一〇〕中 成化本作「忠」。

〔一一〕先生因説……所以説過接處費力 成化本無。

〔一二〕他 成化本無。

〔一三〕仁 成化本此上有「言」。

〔一四〕此　成化本爲「此手」。

〔一五〕成化本此下注有「僩」。

〔一六〕私心　成化本爲「私己」。

〔一七〕此條淳録成化本無，但卷二十七載義剛録曰：衆朋友再説「忠恕」章畢，先生曰：「將孔子説做一樣看，將曾子説做一樣看，將程子説又做一樣看。」又曰：「聖人之恕無轍迹。學者則做這一件是當了，又把這樣子去做。那一件又把這樣子去做，十件、百件、千件都把這樣子去做，便是推。到下梢都是這個樣子，便只是一個物。」或問：「先生與范直閣論忠恕，以與集注同否？」曰：「此是三十歲以前書，大概也是，然説得不似，而今看得又較別。」

〔一八〕此條祖道録成化本無。

〔一九〕問夫子之道忠恕……亦不必如此　成化本無。

〔二〇〕問　成化本無。

〔二一〕所謂　成化本無。

〔二二〕一身之氣流行不息動處便是恕　成化本爲「一元之氣流行不息處便是忠」。

〔二三〕成化本此下注有「總論」。

〔二四〕大　成化本作「本」。

〔二五〕借　成化本此上有「曾子」。

〔二六〕因做甚麼説話　成化本爲「因做甚麼工夫聞甚麼説話」。

〔二七〕約　成化本作「細」。

〔二八〕曾子　成化本此上有「淳有問目段子，先生讀畢，曰：『大概説得也好，只是一樣意思。』義剛録云：「先生曰：『末梢自反之説，説「大而化之」做甚麼？何故恁地儱侗！』」又曰：『公説道理只要撮那頭一段尖底，末梢便要到那「大而化之」極處，中間許多都把做查滓不要理會。相似把個利刃截斷，中間都不用了，這個便是大病。曾點、漆雕開不曾見他做工夫處，不知當時如何被他逴見這道理。然就二人之中，開却是要做工夫。「吾斯之未能信」，「斯」便是見處，「未能信」便是下工夫處。曾點有時是他做工夫但見得未定，或是他天資高後被他瞥見得這個物事，亦不可知。雖是恁地，也須低着頭隨衆從博學、審問、謹思、明辨、篤行底做工夫，襯貼起來方實，證驗出來方穩，不是懸空見得便了。博學、審問五者工夫，終始離他不得。只是見得後做得不費力也。』」

〔二九〕又觀　成化本無。

〔三〇〕平日經禮聖人已説底都一一理會　成化本爲「想經禮聖人平日已説底都一一理會了」。

〔三一〕因話　成化本無。

〔三二〕些　成化本作「此」。

〔三三〕事　成化本此下有「不能得了」。

〔三四〕那　成化本無。

〔三五〕如　成化本此下有「此則」。

〔三六〕德　成化本爲「達德」。

〔三七〕類　成化本此下有「皆是粗迹」。

〔三八〕會　成化本此下有「了」。

[三九] 只 成化本此下有「將」。

[四〇] 只 成化本此下有「恁」。

[四一] 恰似僧道説……也有舍利子 成化本爲「恰似村道説無宗旨底禪樣瀾翻地説去也得將來也解做頌燒時也有舍利」。

[四二] 濟 成化本爲「濟得」。

[四三] 事 成化本此下有「又曰：『一底與貫底都只是一個道理。如將一貫已穿底錢與人及將一貫散錢與人，只是一般，都用得，不成道那散底不是錢』」，其下且注曰：「義剛同。泳録云：『如用一條錢貫一齊穿了。』」

[四四] 淳 成化本無，且此條淳録載於卷一百十七。

[四五] 若不 成化本爲「言下」。

[四六] 且 成化本無。

[四七] 節 成化本無。

[四八] 一 成化本爲「一個」。

[四九] 節曰 成化本無。

[五〇] 節對 成化本無。

[五一] 令全然盛水不漏 成化本爲「若無片子便把一個箍去箍斂全然盛水不得」。

[五二] 推己出 成化本爲「推出去」。

[五三] 成化本此下注曰：「此處疑有闕誤。」

［五四］恕　成化本無。
［五五］盡己之謂忠……所不欲不以與人　成化本無。
［五六］公謹　成化本無。
［五七］公謹　成化本無。
［五八］公謹　成化本無。
［五九］施　成化本爲「勿施」。
［六〇］是他　成化本無。
［六一］祖道人傑録同　成化本爲「去僞」。
［六二］他　成化本無。
［六三］得　成化本作「元」。
［六四］所爲實　成化本爲「篤實」。
［六五］守約　成化本爲「守個約」。
［六六］我　成化本無。
［六七］我　成化本無。
［六八］成化本此下注有「寓」。
［六九］此章一項説天命須説聖人　成化本爲「此段一項説天命一項説聖人」。
［七〇］此條賜録成化本卷二十七作爲注，附於儒相録後。參本卷元秉録「問集注云曾子於其用處……學者是使然底忠恕」。

〔七一〕此條人傑録成化本以部分内容爲注夾於去僞録中，參成化本卷二十七去僞録「子貢尋常自知識而入道……蓋本末體用也」條。

〔七二〕成化本此下注有「可學」。

〔七三〕子貢　成化本爲「子貢一貫」。

〔七四〕本　成化本爲「大本」。

〔七五〕成化本此下有「木」。

〔七六〕從　成化本無。

〔七七〕只　底本闕，據成化本補。

〔七八〕謨録云曾子一貫忠恕……如何得　此部分謨録與成化本卷二十七僩録相同，而成化本此處所附謨録則爲：謨録曰：「曾子『一貫』以行言，子貢『一貫』以知言。曾子言夫子忠恕，只是就事上看。夫子問子貢『多學而識之』，便是知上説。曾子見夫子所爲千頭萬緒，一一皆好。譬如一樹，枝葉花實皆可愛。而其實則忠信根本，恕猶氣之貫注枝葉，若論信則又如花之必成實處。忠信、忠恕皆是體用。恕如行將去，信如到處所。循物無違，則是凡事皆實。譬如水也，夫子，自源而下者也；中庸所謂忠恕，泝流而上者也。」

〔七九〕元秉　成化本爲「儒用」，且此條載於卷九十三。

〔八〇〕今　成化本無。

〔八一〕成化本此下有「遂至驚駭」。

〔八二〕理會　成化本爲「子細」。

〔八三〕應之□□□　「之」下有三字闕。

〔八四〕此條成化本無。

〔八五〕寓因問　成化本作「問」。

〔八六〕處　成化本無。

〔八七〕成化本此下注有「寓」。

〔八八〕所謂下流者無不是此一源之水也　成化本爲「不可謂下流者不是此一源之水」。

〔八九〕是　成化本無。

〔九〇〕是　成化本作「有」。

〔九一〕如何　成化本無。

〔九二〕忠恕違道不遠　成化本爲「若曉得某説則曉程子之説矣又云忠是一恕是所以貫之中庸説忠恕違道不遠」。

〔九三〕處謙　成化本爲「壯祖」。

〔九四〕瀉　成化本無。

〔九五〕則　成化本無。

〔九六〕一　成化本作「二」。

〔九七〕集注云曾子於其用處……但未知其體之一爾　成化本爲「曾子未知其體之一」。

〔九八〕之　成化本無。

〔九九〕見底　成化本爲「見成底」。

〔一〇〇〕曾子有見於此而難言之故借學者盡己推己之目而著明之　成化本爲「曾子借學者盡己推己之目而明之」。

〔一〇一〕自在　成化本無。

〔一〇二〕成化本此下有「一項説聖人」。

〔一〇三〕元秉　成化本爲「儒相」，且此下注有祖道録、賜録。參本卷賜録「或問曾子一唯處如何……便有所得也」，及本卷賜録「問忠恕……要之只是一個道理」。

〔一〇四〕此條若海録成化本無。

〔一〇五〕盡己之謂忠　成化本爲「盡物之謂恕」。

〔一〇六〕來　成化本作「未」。

〔一〇七〕曾子忠恕　成化本無。

〔一〇八〕問　成化本此上有「仲思問：『如何是「發己自盡」？』曰：『發於己而自盡其實。』先生因足疾，舉足言曰：『足有四分痛便説四分痛，與人説三分，便不是發己自盡。』又問『循物無違』。曰：『亦譬之足。實是病足，行不得便説行不得，行得便説行得。此謂循其物而無違。』楊舉伊川言『盡己之謂忠，以實之謂信』。曰：『伊川之説簡潔明通，較又發越也。』寓因問：『忠信，實有是事故、實有是言，則謂之忠信。今世間一等人不可與露心腹處，只得隱護其語，如此亦爲忠信之權乎？』曰：『聖人到這處却有個義存焉。有可説與不可説又當權其輕重，如不當説而説，那人好殺，便與説這人當殺須便去殺他始得。「信近於義，言可復也」，信不近義豈所謂信！』因説：『伊川講解一字不苟。如論語中一項有四説，極的當：「一心之謂誠，盡心之謂忠，存於中之謂孚，見於事之謂信。」直是不可移易。如忠恕處，前輩説甚多，惟程先生甚分曉。』因」。

〔一〇九〕是　成化本無。

〔一一〇〕聖　成化本此上有「但」。

〔一一一〕設　成化本作「説」。

〔一一二〕引　成化本作「舉」。

〔一一三〕此條寓録成化本載於卷二十一。

〔一一四〕問　成化本爲「叔器問」。

〔一一五〕斂　成化本爲「串斂」。

〔一一六〕此條閎祖録成化本無。

〔一一七〕此條卓録成化本無。

〔一一八〕問　成化本爲「蜚卿問」。

〔一一九〕問一貫　成化本爲「聞一知二」。

〔一二〇〕或人　底本闕，據成化本補。

〔一二一〕答曰　成化本無。

〔一二二〕數語　成化本作「恕」。

〔一二三〕如何　成化本爲「何也」。

〔一二四〕忠　成化本無。

〔一二五〕植　成化本爲「以下訓植」，且此條載於卷一百十八。

［一二六］謨　成化本無。

［一二七］着　成化本作「看」。

［一二八］某　成化本作「謨」。

［一二九］個　成化本爲「下個」。

［一三〇］某　成化本作「謨」。

［一三一］如此　成化本爲「要如此」。

［一三二］成化本此下注曰：「文蔚録云：『曾子借學者以形容聖人。』」

［一三三］忠恕明道言以己及物仁也推己及物恕也　成化本無。

［一三四］何如　成化本無。

［一三五］公以爲　成化本無。

［一三六］忠恕　成化本無。

［一三七］程子以　成化本無。

［一三八］成化本此下注有「寓」。

［一三九］以己及人爲仁推己及人爲恕何謂以己推己之辨　成化本爲「以己推己之辨」。

［一四〇］何謂　成化本無。

［一四一］亦　成化本無。

［一四二］亦自不妨　成化本無。

［一四三］成化本此下有「只是爭個自然與不自然」。

〔一四四〕淳 成化本爲「義剛」。

〔一四五〕止 成化本作「上」。

〔一四六〕以己及物恕也是如何 成化本爲「以己及物推己及物如何」。

〔一四七〕甲寅丙辰壬子 成化本爲「甲庚丙壬了」。

〔一四八〕將 成化本無。

〔一四九〕是 成化本無。

〔一五〇〕却 成化本作「是」。

〔一五一〕弘 成化本作「敦」。

〔一五二〕明道所謂 成化本無。

〔一五三〕欲即 成化本爲「雖即」。

〔一五四〕成化本此下有朱熹「又云」之語，參本卷僩録「又云夜來説忠恕……須自看教有許多等級分明」。

〔一五五〕義剛 成化本無。

〔一五六〕每歲 成化本爲「歲歲」。

〔一五七〕是 成化本此上有「各正性命」。

〔一五八〕一 成化本作「其」。

〔一五九〕問 成化本爲「劉問」。

〔一六〇〕程子云 成化本無。

〔一六一〕天地變化草木蕃 成化本無。

［一六二］問　成化本爲「徐仁父問」。
［一六三］明道云　成化本無。
［一六四］充之於家……國得其所　成化本爲「充之於一家則一家得其所充之於一國則一國得其所」。
［一六五］不可得其所宜　成化本爲「不得其所」。
［一六六］面　成化本無。
［一六七］成化本此下注曰：「賀孫録同。以下集義。」
［一六八］成化本此下有「是實如此」。
［一六九］成化本此下注有「節」。
［一七〇］程伊川　成化本爲「伊川」。
［一七一］此條成化本無。
［一七二］此條淳録成化本無。
［一七三］成化本此條僩録前有「曾子所言只是一個道理……便拖泥帶水」。底本另作一條，參本卷。
［一七四］成化本此下有「出」。
［一七五］具　底本闕，據成化本補。
［一七六］成化本此下注曰：「疑與上條同聞。」又，成化本此條賀孫上條爲南升録「亞夫問忠恕而已矣……恕猶枝葉條榦」，與底本下條内容相近。
［一七七］晏亞夫　成化本爲「亞夫」。
［一七八］借道爲忠恕　成化本爲「借學者忠恕」。

［一七九］得　成化本無。

［一八〇］如　成化本爲「却與」。

［一八一］爲　成化本無。

［一八二］黄直卿　成化本爲「直卿」。

［一八三］文王自是純亦不已意思　成化本爲「文王自是純亦不已亹亹不足以言之然亹亹便有純亦不已意思」，此下又有「又云：忠猶木根，恕猶枝葉條榦」。其末注有「南升」。

［一八四］問　成化本爲「方叔問」。

［一八五］朋友信之少者懷之　成化本爲「少者懷之朋友信之」。

［一八六］之　成化本爲「之徒」。

［一八七］此條廣録成化本無。

［一八八］了　成化本作「來」。

［一八九］在天便是忠　成化本爲「在天便是命在人便是忠」。

［一九〇］成化本此下有「義」。

［一九一］不顧以私者義也　成化本爲「不顧己私」。

［一九二］事　成化本作「意」。

［一九三］不復顧道理如何者……亦甚分曉　成化本爲「不復顧道理如何」。

［一九四］顧　成化本無。

［一九五］成化本此下有「而」。

〔一九六〕小人只理會利上一截義處全然不顧　成化本爲「小人只理會下一截利更不理會上一截義」。

〔一九七〕成化本此下注有「南升」。

〔一九八〕問此一段　成化本爲「文振問此章」。

〔一九九〕兩件　成化本爲「兩件事」。

〔二〇〇〕成化本此下注曰：「南升録見下。」且下條即爲南升録「問君子喻於義……雖絲毫利也自理會得」。參底本上條。

〔二〇一〕處　成化本無。

〔二〇二〕處　成化本無。

〔二〇三〕變也　成化本爲「變化」。

〔二〇四〕只是利了　成化本爲「只是喻得利了」。

〔二〇五〕處　成化本無。

〔二〇六〕爲　成化本作「篤」。

〔二〇七〕此段成化本無。

〔二〇八〕事父母幾諫　成化本無。

〔二〇九〕成化本此下有「處」。

〔二一〇〕寓　成化本無。

〔二一一〕成化本此下注有「寓」。

〔二一二〕事父母有幾諫　成化本無。

［二一三］不　成化本作「才」。

［二一四］孝　成化本爲「起孝」。

［二一五］違　成化本作「待」。

［二一六］成化本此下注有「南升」。

［二一七］見　成化本作「先」。

［二一八］成化本此下注有「集義」。

［二一九］三年無改於父之道章無　成化本無。

［二二〇］此條成化本無。

［二二一］以約失之者鮮矣章　成化本爲「以約失之章」。

［二二二］成化本此下注有「南升」。

［二二三］個　成化本無。

［二二四］君子欲訥於言敏於行凡事言時易行時難　成化本無。

［二二五］敏　成化本爲「欲敏」。

［二二六］成化本此下注有「南升」。

［二二七］德不孤　成化本此上有「論語中」。

［二二八］者　成化本作「吉」。

［二二九］凶德　成化本爲「凶人」。

［二三〇］又　成化本無。

〔二三一〕有德之人……所以不孤而有鄰也　成化本無。

〔二三二〕成化本此下注有「南升」。

〔二三三〕成化本此下注曰：「饒本作『是説人之相從』。」

〔二三四〕成化本此下注曰：「饒本作『德之大』。」

〔二三五〕此條成化本無。

卷二十八

〔一〕子謂公冶長可妻……何足爲辱　成化本爲「子謂公冶長章」。

〔二〕公冶長　成化本無。

〔三〕與　成化本作「因」。

〔四〕成化本此下注有「南升」。

〔五〕寓　成化本無。

〔六〕子謂南容章　成化本無。

〔七〕又　成化本無。

〔八〕子賤之爲人……非尋常有用之才　成化本爲「子謂子賤章」。

〔九〕説君子有　成化本無。

〔一〇〕哉　成化本作「而」，且屬下句。

〔一一〕如　成化本作「器」。

〔一二〕成化本此下注有「南升」。

〔一三〕問　成化本作「是」。

〔一四〕寓　成化本無。

〔一五〕成化本此下注有「寓」。

[一六] 雍也仁而不佞章　成化本爲「或曰雍也章」。

[一七] 諂　成化本爲「諂佞」。

[一八] 姿　成化本作「資」。

[一九] 他　成化本同，王本作「地」。

[二〇] 謨録同　成化本爲「去僞同」。

[二一] 又　成化本無。

[二二] 成化本此下注曰：「按：此無答語，姑從蜀本存之。」

[二三] 問　成化本爲「陳仲卿問」。

[二四] 一　成化本無。

[二五] 也　成化本作「他」。

[二六] 問　成化本爲「立之問」。

[二七] 得　成化本無。

[二八] 成化本此下有「如此」。

[二九] 任　成化本作「仕」。

[三〇] 此　成化本爲「此章」。

[三一] 知　成化本無。

[三二] 成化本此下注有「寓」。

[三三] 知不知　成化本爲「知只是一個知」。

［三四］成化本此下注曰：「謙之録云：『是大底意思。』」
［三五］大意　成化本爲「已見大意」。
［三六］是　成化本無。
［三七］只　成化本此上有「他」。
［三八］全　成化本無。
［三九］於　成化本無。
［四〇］此條植録成化本載於卷四十。
［四一］寓　成化本無。
［四二］只　成化本無。
［四三］人　成化本作「者」。
［四四］賀孫録同　成化本爲「集注」。
［四五］問程氏説曾點漆雕開已見大意……吾斯之未能信之語可見　成化本無。
［四六］又問程氏言……便是曾點氣象　成化本爲「問子路若達便是曾點氣象」。
［四七］此條文蔚録成化本載於卷四十。
［四八］成化本此下注曰：「道夫録云：『原憲不能容物，近於狷。開却是收斂近約。』」此部分道夫録底本另作一條，參本卷。
［四九］問曾點漆雕開　成化本爲「或問曾點漆雕開已見大意」。
［五〇］雕　成化本作「開」。

〔五一〕元秉　成化本爲「儒用」。

〔五二〕此條希遜録成化本無，但卷四十載恪録與此相類，參成化本該卷恪録「林正卿問曾點只從高處見破……開覺得細密」條。

〔五三〕時舉問程子謂　成化本作「問」。

〔五四〕曾點　成化本此上有「淳有問目段子。先生讀畢，曰：『大概說得也好，只是一樣意思。』義剛録云：「先生曰：『末梢自反之說，說「大而化之」做甚麽？何故恁地儱侗。』」又曰：『公說道理只要撮那頭一段尖底，末梢便要到那「大而化之」極處，中間許多都把做查滓不要理會。相似把個利刃截斷。中間都不用了，這個便是大病。』」此部分內容底本載於卷一百十五，可參。

〔五五〕見　成化本爲「違見」。

〔五六〕是　成化本此下有「他」。

〔五七〕博學之……力行之　成化本爲「博學審問謹思明辨篤行」。

〔五八〕稱貼　成化本爲「襯貼」。

〔五九〕謹思明辨力行　成化本無。

〔六〇〕他　成化本作「得」。

〔六一〕也　成化本此下有「『如曾子平日用工極是子細，每日三省只是忠信傳習底事，何曾說著「一貫」？曾子問一篇都是問喪、祭變禮微細處。想經禮，聖人平日已說底都一一理會了，只是變禮未說，也須逐一問過。「一貫」之說，夫子只是謾提醒他。縱未便曉得，且放緩亦未緊要，待別日更一提之。只是曾子當下便曉得，何曾只管與他說！如論語中百句，未有數句說此。孟子自得之說，亦只是說一番，何曾全篇如此説？今却是懸虚説一個物事，不能得了。只要那一去貫，不要從貫去到那一。如不理會散錢，只管要去討索來穿。如此則中庸只消「天命之謂性」一句及「無聲無臭至矣」一句便了，中間許多「達孝」、「達德」、「九經」之類，皆是粗迹，都掉却，不能耐煩去理會了。如「禮儀三百，威儀三千」，只將一個道理都包了，更不用理會中間許多節目。今須是從頭平心讀那書，許多訓詁名物度數一一去理會，如禮儀須自一二三四數至於三百，威儀須自一百二百三百數至三千，逐一理會過，都恁地通透始得。若是只恁懸虚不已，恰似村道説無宗旨底禪樣，瀾翻地説去也得，將來也解做頌，燒時也有舍利，只是不濟得事。』又曰：『一底與貫底都只是一個道理。如將一貫已穿底錢與人，及將一貫散錢與人只是一般，都用得。不成道那散底不是錢』」。底本此部分内容載於卷二十七，可參。

〔六二〕黄義剛　成化本爲「義剛同」。以下尚有「泳録云：『如用一條錢貫一齊穿了』」，且此條載於卷一百十七。

〔六三〕程明道　成化本爲「明道」。

〔六四〕成化本此下注有「賀孫」。

〔六五〕點　成化本爲「曾點」。

〔六六〕晏　成化本作「商」。

〔六七〕此條賜録成化本載於卷四十。

〔六八〕集注與今定本文不同　成化本爲「集注係舊本」。

〔六九〕他　成化本無。

〔七〇〕只　成化本作「是」。

[七一]這　成化本無。

[七二]利害居官　成化本爲「居官利害」。

[七三]成化本此下注有「植」。

[七四]此條道夫録成化本作爲注，附於伯羽録尾，參本卷伯羽録「問漆雕循守者乎……却是收斂近約」條。

[七五]此條成化本無。

[七六]收息　成化本爲「休息」。

[七七]全體似個卓子四脚便是全　成化本爲「全體似個卓子四脚若三脚便是不全」。

[七八]道理　成化本爲「十分道理」。

[七九]問　成化本爲「林問」。

[八〇]升卿　成化本無。

[八一]成化本此下注有「僩」。

[八二]以爲盡得仁道……又問孔子云云　成化本爲「故問之」。

[八三]三子者　成化本爲「孔子於三子者」。

[八四]則仁道之大可知也　成化本無。

[八五]以　成化本作「曰」。

[八六]辨　成化本作「辦」。

[八七]成化本此下注有「南升」。

[八八]子升兄　成化本爲「子升」。

［八九］聖人稱由也千乘之國可使治其賦求也可使爲之宰　成化本爲「聖人稱由也可使治賦求也可使爲宰」。

［九〇］女與回也孰愈章　成化本爲「子謂子貢曰章」。

［九一］曉得不甚　成化本爲「曉不甚得」。

［九二］成化本此下注有「集注」。

［九三］問集注知二知十之别曰　成化本無。

［九四］宰予晝寢章　成化本無。

［九五］此條成化本無。

［九六］棖也慾章　成化本爲「吾未見剛者章」。

［九七］成化本此下注有「時舉」。

［九八］此條淳録成化本無，但卷二十八載義剛録曰：問：「剛亦非是極底地位，聖門豈解無人？夫子何以言未見？」曰：「也是説難得。剛也是難得。」又言：「也是難得。如那撑眉努眼便是慾。申棖便是恁地，想見他做得個人也大故勞攘。」義剛問：「秦漢以下，甚麽人可謂之剛？」曰：「只看他做得如何。那拖泥帶水底便是慾，那壁立千仞底便是剛。」叔器問：「剛莫是好仁、惡不仁否？」蓋剛有那勇猛底意思。」曰：「剛則能果斷，謂好惡爲剛則不得。如這刀，有此鋼則能割物，今叫割做鋼却不得。」又言：「剛與勇也自别。故『六言、六蔽』有『好剛不好學』，又有『好勇不好學』。」

［九九］問棖也欲焉得剛曰　成化本無。

［一〇〇］成化本此下注有「集注」。

〔一〇一〕謂　此字原脱，據上下文及成化本補。
〔一〇二〕上　成化本作「止」。
〔一〇三〕此條人傑録成化本載於卷四十七。
〔一〇四〕我不欲人之加諸我章　成化本爲「子貢曰我不欲人之加諸我章」。
〔一〇五〕恪　成化本爲「恰亦可疑」，且上條爲鎬録，其末尾注有「此條可疑」。參本卷鎬録「子貢曰我不欲人之加諸我也……能忘物也」。
〔一〇六〕問　底本闕，據成化本補。
〔一〇七〕成化本此下注曰：「此條可疑。」
〔一〇八〕方子　成化本爲「道夫」，且此條載於卷六。
〔一〇九〕夫子之文章可得而聞章　成化本爲「子貢曰夫子之文章章」。
〔一一〇〕此條方子録成化本無，但卷二十八蓋卿録尾注佐録與此内容相近。參下條。
〔一一一〕甘吉甫　成化本爲「吉甫」。
〔一一二〕成化本此下注曰：「佐録云：『天道流行是一條長連底，人便在此天道之中各得一截子。』」
〔一一三〕要　成化本無。
〔一一四〕成化本此下注有「寓」。
〔一一五〕可得而聞者　成化本無。
〔一一六〕聖人教人不躐等……恐失其下學之義　成化本無。
〔一一七〕子貢獲聞至論……但不明言之爾　成化本無。

〔一一八〕言　成化本作「説」。

〔一一九〕夫子之言　成化本無。

〔一二〇〕言　成化本無。

〔一二一〕成化本此下注有「寓」。

〔一二二〕胡叔器　成化本爲「叔器」。

〔一二三〕陳安卿　成化本爲「安卿」。

〔一二四〕説　成化本無。

〔一二五〕遮　成化本作「迎」。

卷二十九

〔一〕子路事數件　成化本爲「子路數事」。

〔二〕成化本此下有「乃」。

〔三〕不知如何　成化本無。

〔四〕且　成化本無。

〔五〕一段　成化本無。

〔六〕子路未之能行……子路仕衛不是處去　成化本無。

〔七〕處　成化本無。

〔八〕喫得　成化本爲「喫得盡」。

〔九〕是　成化本無。

〔一〇〕却　成化本無。

〔一一〕着　成化本無。

〔一二〕又曰文字可汲汲看……公宜及早向前　成化本無。

〔一三〕成化本此下注曰：「寓録略。」

〔一四〕孔文子何以謂之文也章　成化本爲「子貢問曰孔文子章」。

〔一五〕成化本此下注有「節」。

［一六］甘吉甫　成化本爲「吉甫」。

［一七］孔文子何以謂之文某不曉所謂經天緯地之文理　成化本爲「經天緯地之文」。

［一八］成化本此下注有「僴」。

［一九］子産有君子之道四焉章　成化本爲「子謂子産章」。

［二〇］孔子謂子産……謂有愛利及民　成化本無。

［二一］有君子之道四者……則無所不善矣　成化本無。

［二二］成化本此下注有「南升」。

［二三］節　成化本無。

［二四］甘吉甫　成化本爲「吉甫」。

［二五］有其　成化本爲「各有」。

［二六］鄭國　成化本爲「鄭國人」。

［二七］從周　成化本作「至」，且此下注曰：「蓋卿録云：『「有章」是都鄙各有規矩，「有服」是衣冠服用皆有等級高卑。』」

［二八］此條成化本無，但據卷二十九至録末尾所注，疑此條爲蓋卿録。參上條。

［二九］智意　成化本爲「意智」。

［三〇］成化本此下注曰：「南升。時舉録見下。」

［三一］令尹子文章　成化本爲「子張問曰令尹子文章」。

［三二］仕　成化本作「仁」。

〔三三〕無有　成化本爲「有無」。

〔三四〕合當　成化本爲「有無合當」。

〔三五〕成化本此下「集注」。

〔三六〕問　成化本爲「或問」。

〔三七〕且　成化本作「耳」，屬上讀。

〔三八〕令尹子文與陳文子　成化本爲「子文文子」。

〔三九〕據　成化本無。

〔四〇〕千　成化本作「十」。

〔四一〕成化本此下注曰：「燾録别出。」

〔四二〕問子張問令尹子文陳文子一節　成化本爲「黄先之問子文文子一節」。

〔四三〕令尹子文　成化本爲「子文」。

〔四四〕陳文子　成化本爲「文子」。

〔四五〕道　成化本無。

〔四六〕令尹子文章　成化本無。

〔四七〕令尹子文　成化本爲「子文」。

〔四八〕陳文子　成化本爲「文子」。

〔四九〕何如曰　成化本無。

〔五〇〕祖道　成化本爲「去僞」。

［五一］令尹子文 成化本爲「子文」。
［五二］陳文子 成化本爲「文子」。
［五三］令尹子文 成化本爲「子文」。
［五四］陳文子 成化本爲「文子」。
［五五］只且 成化本爲「且只」。
［五六］理 成化本此下有「無私」。
［五七］此條閎祖録成化本載於卷四十八。
［五八］成化本此下有「説『未知，焉得仁』，知字絶句」。
［五九］在兩處……一章説文子 成化本無。
［六〇］王於楚 成化本爲「王天下」。
［六一］曉 成化本作「時」。
［六二］得 成化本爲「得個」。
［六三］知 成化本爲「領會」。
［六四］二子 成化本作「孟」。
［六五］二子 成化本爲「孟子」。
［六六］一 成化本無。
［六七］成化本此下有「曰」。
［六八］這 成化本無。

〔六九〕字　成化本作「容」。
〔七〇〕是　成化本無。
〔七一〕賀孫　成化本無。
〔七二〕這　成化本無。
〔七三〕硬　成化本作「須」。
〔七四〕中心　成化本爲「心中」。
〔七五〕須　成化本爲「須是」。
〔七六〕也　成化本無。
〔七七〕須　成化本無。
〔七八〕也　成化本作「似」。
〔七九〕必　成化本作「大」。
〔八〇〕非　成化本無。
〔八一〕也　成化本爲「也得」。
〔八二〕各家　成化本爲「各各」。
〔八三〕光　成化本作「先」。
〔八四〕若　成化本無。
〔八五〕其　成化本無。
〔八六〕自　成化本作「只」。

〔八七〕自家　成化本爲「各家」。

〔八八〕此條下成化本注有「賀孫」，且分作兩條：其中「問看雍也……也只道匹似閑」爲一條，載於卷二十九；「又云看文字且須平帖看他意……只是這個精一直是難」爲一條，載於卷三十。又，底本卷三十重複出現「看文字且須平帖看他意……方看他所到地位是如何」，參卷三十。

〔八九〕是　成化本無。

〔九〇〕恁　成化本無。

〔九一〕可與言而不與之言不可與言而與之言　成化本爲「士未可以言而言可以言而不言」。

〔九二〕喻　成化本作「窬」。

〔九三〕如前　成化本爲「如何」。

〔九四〕安　此字原缺，據成化本補。

〔九五〕此條成化本無。

〔九六〕此條人傑録成化本無。

〔九七〕甯武子所以謂之愚如何　成化本爲「甯武子之愚」。

〔九八〕如何　成化本無。

〔九九〕問甯武子……先生曰　成化本無。

〔一〇〇〕祖道　成化本爲「去僞」。

〔一〇一〕甯武子邦無道則愚　成化本無。

〔一〇二〕成化本此下注有「寓」。

〔一〇三〕木之　成化本無。

〔一〇四〕成化本此下注有「集注」。

〔一〇五〕程子曰甯武子邦無道……比干是也　成化本無。

〔一〇六〕世間　成化本爲「世間事」。

〔一〇七〕成化本此下有「諫」。

〔一〇八〕執不得　成化本爲「執一不得」。

〔一〇九〕甯武子無道則愚　成化本無。

〔一一〇〕先生謂武子仕成公無道之君……而能卒保其身以濟其君　成化本爲「先生謂武子仕成公無道之君云云」。

〔一一一〕忠　成化本作「愚」。

〔一一二〕忠　成化本作「愚」。

〔一一三〕向慕聖人之道……亦自粲然有條理可觀　成化本無。

〔一一四〕其　成化本無。

〔一一五〕其　成化本無。

〔一一六〕不知割正以歸於中道　成化本無。

〔一一七〕子　成化本爲「孔子」。

〔一一八〕成化本此下注有「南升」。

〔一一九〕做　成化本作「留」。

［一二〇］佛　成化本作「釋」。

［一二一］成化本此下有「底」。

［一二二］這個　成化本無。

［一二三］斐然成章　成化本無。

［一二四］不念舊惡章　成化本爲「伯夷叔齊章」。

［一二五］也　成化本作「見」。

［一二六］壽仁　成化本爲「拱壽」。

［一二七］從追而惡之　成化本爲「從而追惡之」。

［一二八］成化本此下注曰：「南升録云：『此與「不遷怒」一般。其所惡者，因其人之可惡而惡之，而所惡不在我。及其能改，又只見他善處，不見他惡處。聖賢之心皆是如此。』」而底本南升録另作一條，參下條。

［一二九］成化本此下有「不見他惡處」。

［一三〇］閎祖　成化本爲「方子」。

［一三一］寓　成化本無。

［一三二］伯夷叔齊不念舊惡怨是用希　成化本無。

［一三三］處　成化本無。

［一三四］成化本此下注曰：「寓。或問。」

［一三五］伯夷叔齊不念舊惡章　成化本無。

〔一三六〕而希字有些怨只得從伊川説　成化本爲「而希字猶有些怨在然所謂又何怨則絶無怨矣又不相合恐只得從伊川説」。
〔一三七〕聞　成化本作「他」。
〔一三八〕此條僩録成化本無。
〔一三九〕問孰謂微生高直……先生曰　成化本無。
〔一四〇〕祖道謨人傑録同　成化本爲「去僞」。
〔一四一〕以直得名……此其心果何爲　成化本無。
〔一四二〕成化本此下注曰：「南升。集注。」
〔一四三〕顯比謂當顯明其比……以求人之比己也　成化本無。
〔一四四〕寓　成化本無。
〔一四五〕微生高乞醯　成化本無。
〔一四六〕成化本此下注曰：「淳録云：『若是緊要底物，我無則求與之猶自可。』」
〔一四七〕人傑　成化本作「寓」。
〔一四八〕孰謂微生高直一章　成化本無。
〔一四九〕微生高此章　成化本爲「此一章」。
〔一五〇〕巧言令色章　成化本爲「巧言令色足恭章」。
〔一五一〕巧言令色足恭　成化本無。
〔一五二〕欲　成化本無。

〔一五三〕或問巧言令色足恭……先生曰　成化本無。

〔一五四〕謨人傑去僞録同　成化本爲「去僞」，下注曰：「燾録云：『這便是乞醯意思一般，所以記者類於此。』」

〔一五五〕又　成化本無。

〔一五六〕此二樣人……而立心以直　成化本無。

〔一五七〕成化本此下注有「南升」。

〔一五八〕老者安之一段　成化本無。

〔一五九〕譬　成化本無。

〔一六〇〕人　成化本無。

〔一六一〕成化本此下附夔孫録，參底本此卷元秉録。

〔一六二〕此條元秉録成化本無。

〔一六三〕成化本此下注有「集注」。

〔一六四〕成化本此下有「云云」。

〔一六五〕安之　成化本爲「安者」。

〔一六六〕誾誾　成化本爲「斷斷」。

〔一六七〕和悦而諍也　成化本爲「分辯之意也」。

〔一六八〕恪問子路顔子言志章曰　成化本無。

〔一六九〕季札　成化本作「恪」。

〔一七〇〕 此條元秉録成化本無，但卷二十九祖道録後所附夔孫録與此相類，其載曰：夔孫録云：「『二子言志，恰似新病起人，雖去得此病了，但着服藥隄防，願得不再發作。若聖人之志，則曠然太虛，了無一物。』又曰：『古人爲學，大率體察病痛，就上面克治將去。』」

〔一七一〕 顔子 成化本爲「顔淵」。

〔一七二〕 顔子 成化本爲「顔淵」。

〔一七三〕 成化本此下注有「僩」。

〔一七四〕 節 成化本無。

〔一七五〕 顔淵季路侍一章顔子子路優劣如何分 成化本爲「顔子子路優劣」。

〔一七六〕 也 成化本作「已」。

〔一七七〕 節復問 成化本作「問」。

〔一七八〕 粹 成化本無。

〔一七九〕 此條淳録成化本無，但卷二十九載義剛録曰：叔器曰：「子路但及朋友，不及他人，所以較小。曰：『願車馬，衣輕裘，與朋友共。』以朋友有通財之義，故如此説。那行道之人，不成無故解衣衣之。但所以較淺小者，他能舍得車馬輕裘，未必能舍得勞善。有善未必不伐，有勞未必不施。若能退後省察，則亦深密；向前推廣，則亦闊大。范益之云：『顔子是就義理上做工夫，子路是就事上做工夫。』」曰：「子路是就意氣上做工夫。顔子自是深潛淳粹，較別。子路是有些戰國俠士氣象，學者亦須如子路恁地割捨得。『士而懷居，不足以爲士矣』。若今人恁地畏首畏尾、瞻前顧後、粘手惹脚，如何做得事成！恁地莫道做好人不成，便做惡人也不成！」先生至此，聲極洪。叔器再反覆説前章。先生曰：「且粗説，人之生，各具此理。

但是人不見此理，這裏都黑卒卒地。如貓兒狗子，飢便待物事喫，困便睡。到富貴便極聲色之奉，一貧賤便憂愁無聊。聖人則表裏精粗無不昭徹，其形骸雖是人，其實只是一團天理，所謂『從心所欲，不踰矩』。左來右去，盡是天理，如何不快活！」

〔一八〇〕方見子路地位低了　成化本爲「見子路低了」。

〔一八一〕却　成化本無。

〔一八二〕做得底　成化本爲「做得他底」。

〔一八三〕成化本此下注有「植」。

〔一八四〕顏淵季路侍一章　成化本爲「此章」。

〔一八五〕此條時舉録成化本卷二十九附於南升録尾。參本卷「問子路願車馬……凡學學此而已」條。

〔一八六〕猛　成化本作「㨾」。

〔一八七〕與　成化本無。

〔一八八〕因　成化本無。

〔一八九〕之　成化本無。

〔一九〇〕之　成化本無。

〔一九一〕處謙　成化本爲「壯祖」，且此下附有閎祖録，而底本以閎祖録另作一條，參下條。

〔一九二〕曰　成化本無。

〔一九三〕子路曰願車馬衣輕裘與朋友共……此對伐施而言也　成化本爲「無伐無施對伐施而言也」。

〔一九四〕按此條與前條一時所聞　成化本無。

［一九五］隨後　成化本爲「隨後看」。

［一九六］大抵道理都是合當　成化本爲「大抵道理都是合當恁地不是過當」。

［一九七］文蔚問顔淵……子路求仁　成化本作「問」。

［一九八］願車馬衣輕裘共敝　成化本無。

［一九九］細　成化本作「縝」。

［二〇〇］文蔚　成化本作「寓」。

［二〇一］子路願車馬……使之各得其所　成化本無。

［二〇二］故　成化本無。

［二〇三］是　成化本此上有「求仁者」。

［二〇四］成化本此下注有「南升」，且其下又附時舉録，參本卷時舉録「文振問顔淵季路侍一章……則超然與天地同體矣」。

［二〇五］如何　成化本無。

［二〇六］寓　成化本無。

［二〇七］子曰盍各言爾志　成化本無。

［二〇八］者　成化本作「有」。

［二〇九］成化本此下注有「寓」。

［二一〇］之　成化本無。

［二一一］明道謂　成化本爲「程子曰」。

〔二一二〕木之　成化本無。

〔二一三〕顔淵季路言志章　成化本無。

〔二一四〕看子路　成化本無。

〔二一五〕拘　成化本爲「拘之」。

〔二一六〕知識　成化本爲「品格」。

〔二一七〕粗　成化本爲「粗暴」。

〔二一八〕成化本此下注有「升卿」。又，此條底本卷四十重複載入，但内容稍有差異，參底本該卷處謙録「子路品格甚高……便是曾點氣象」條。

〔二一九〕成化本此下注有「附」。

〔二二〇〕子路欲車馬衣輕裘與朋友共敝之　成化本爲「車馬輕裘與朋友共」。

〔二二一〕好　成化本作「高」。

〔二二二〕此　成化本作「比」。

〔二二三〕之言　成化本爲「言言」。

〔二二四〕寓　成化本無。

〔二二五〕施　成化本無。

〔二二六〕孔子顔子季路言志一章……又云　成化本爲「集注云」。

〔二二七〕自合如此　成化本爲「聖人順之而已曰這只是天理炎録云天下事合恁地處便是自然之理」。

〔二二八〕帶　成化本爲「帶得」。

〔二二九〕顔子　成化本爲「顔淵」。
〔二三〇〕恰似他生下便自帶得剪滅之理來　成化本爲「恰似他生下便自帶得此理來又如放龍蛇驅虎豹也是他自帶得驅除之理來如剪滅蝮虺也是他自帶得剪滅之理來」。
〔二三一〕有物有則　成化本爲「有物必有則」。
〔二三二〕更修細密便是顔子　成化本爲「更修教細密便是顔子地位」。
〔二三三〕發　成化本作「教」。
〔二三四〕義　成化本無。
〔二三五〕惡底　成化本爲「不好底」。
〔二三六〕胡叔器　成化本爲「叔器」。
〔二三七〕成化本此下注曰：「義剛録作：『今不將他做處去切己理會，體認分明着。』」
〔二三八〕只　成化本爲「却只」。
〔二三九〕成化本此下注曰：「義剛録作：『如此去做，將久便解似他。他那優劣自是不同，何必計較。』」
〔二四〇〕成化本此下有「叔器云：『希顔録曾子書，莫亦要如此下工夫否？』曰：『曾子事雜見他書，他只是要聚做一處看。顔子事亦只要在眼前，也不須恁地起模畫樣。而今緊要且看聖人是如何，常人是如何，自家因甚後不似聖人，因甚後只似常人。就此理會得，自是超凡入聖』」。底本此部分内容另作一條，載於卷一百二，參該卷淳録「問希顔録曾子書……不須恁地起模畫樣」條。
〔二四一〕成化本此下注有「義剛同」。

〔二四二〕吾未見能見其過而内自訟者也　成化本無。

〔二四三〕改責己　成化本爲「攻責」。

〔二四四〕不知是如此否　成化本無。

卷三十

〔一〕此條成化本無。

〔二〕榦　成化本無。

〔三〕子曰　成化本無。

〔四〕右　成化本無。

〔五〕此　成化本無。

〔六〕諸生問雍也可使南面以下章先生云　成化本無。

〔七〕問仲弓問子桑伯子……先生云　成化本無。

〔八〕成化本此下注有「南升」。

〔九〕子桑户事見莊子大宗師篇　成化本無。

〔一〇〕仲弓問子桑伯子子曰可也簡　成化本爲「子桑伯子」。

〔一一〕是　成化本作「只」。

〔一二〕然　成化本作「煞」。

〔一三〕節　成化本無。

〔一四〕節　成化本無。

〔一五〕節　成化本無。

〔一六〕簡　成化本作「敬」。

〔一七〕卜吏　成化本爲「小吏」。

〔一八〕非　成化本作「耶」，屬上讀。

〔一九〕仲雍　成化本爲「仲弓」。

〔二〇〕成化本此下注有「廣」。

〔二一〕賀孫　成化本無。

〔二二〕居簡而行簡章　成化本無。

〔二三〕固着知得命文與本文少異　成化本爲「固要知得與本文少異」。

〔二四〕着　成化本作「要」。

〔二五〕此是仲弓因子桑伯子之簡而言之　成化本無。

〔二六〕寓　成化本無。

〔二七〕仲弓問子桑伯子　成化本無。

〔二八〕爲　成化本無。

〔二九〕寓　成化本無。

〔三〇〕成化本此下注有「集注」。

〔三一〕居敬行簡　成化本無。

〔三二〕煩碎　成化本爲「居上煩碎」。

〔三三〕説　成化本爲「説得」。

［三四］仲弓問子桑伯子……雍之言然　成化本爲「仲弓問子桑伯子章」。

［三五］上　成化本作「主」。

［三六］語　成化本作「病」。

［三七］軫　成化本作「軨」。

［三八］問弟子孰爲好學章　成化本爲「哀公問弟子章」。

［三九］成化本此下注有「道夫」。

［四〇］問不貳過　成化本爲「或問顏子不貳過」。

［四一］太　成化本作「是」。

［四二］顏子不遷怒不貳過　成化本無。

［四三］者　成化本無。

［四四］問　成化本爲「敬之問」。

［四五］成化本此下有「個」。

［四六］不欲遷於乙既知有過自不復然　成化本爲「雖欲遷於乙亦不可得而遷也見得道理透則既知有過自不復然」。

［四七］能　成化本此前有「明道云」。

［四八］此語　成化本無。

［四九］怒　成化本爲「怒氣」。

［五〇］閣　成化本爲「停閣」。

〔五一〕成化本此下注曰：「賀孫録別出。」
〔五二〕竊 成化本無。
〔五三〕對待 成化本作「對」。
〔五四〕交頭 成化本爲「交衮頭」。
〔五五〕合 成化本作「會」。
〔五六〕頓放在 成化本爲「頓於」。
〔五七〕賀孫 成化本無。
〔五八〕如今 成化本無。
〔五九〕此意 成化本無。
〔六〇〕又且 成化本無。
〔六一〕自 成化本無。
〔六二〕賀孫 成化本無。
〔六三〕小大 成化本爲「大小」。
〔六四〕看 成化本此上有「又云」。
〔六五〕這 成化本無。
〔六六〕是 成化本無。
〔六七〕賀孫 成化本無。
〔六八〕若 成化本作「且」。

〔六九〕此條賀孫録與底本卷二十九賀孫所録一條重複，參卷二十九。

〔七〇〕此條人傑録成化本無。

〔七一〕又曰　成化本無。

〔七二〕者　成化本作「句」。

〔七三〕成化本此下注曰：「謨録云：『此平日克己工夫持養純熟，故有此效。』」

〔七四〕成化本此下注曰：「賀孫録云：『行夫問云云，曰：「『不遷怒，不貳過』不是學，自是説顏子一個證驗如此。」恭父云：「顏子工夫盡在『克己復禮』上。」曰：「『回雖不敏，請事斯語矣』，是他終身受用只在這上。」』」

〔七五〕義剛呈問目曰……伏乞指教　成化本爲「問不遷怒貳過是顏子克己工夫到後方如此却不是以此方爲克己工夫也』」。

〔七六〕先生批云　成化本作「曰」。

〔七七〕當時　成化本無。

〔七八〕不　成化本作「未」。

〔七九〕不　成化本作「未」。

〔八〇〕此條賀孫録成化本卷三十附於時舉録後。其時舉録曰：行夫問「不遷怒，不貳過」。曰：「此是顏子好學之符驗如此，却不是只學此二件事。顏子學處，專在非禮勿視聽言動上。至此純熟乃能如此。」且成化本賀孫録於「恭父云」前有「行夫問云云，曰：『「不遷怒，不貳過」不是學，自是説顏子一個證驗如此』」。

〔八一〕在　成化本作「去」。

［八二］賀孫　成化本無。
［八三］是　成化本爲「這是」。
［八四］要緊　成化本爲「緊要」。
［八五］植　成化本無。
［八六］顔子不遷怒　成化本無。
［八七］怒　成化本作「心」。
［八八］成化本此下注有「集注」。
［八九］事　成化本無。
［九〇］伊川云……聖人之心本無怒也　成化本無。
［九一］不遷怒不貳過　成化本無。
［九二］曰　成化本作「謂」。
［九三］些　成化本無。
［九四］纔有差失便能知之纔知之便更不萌作　成化本無。
［九五］如今學者……便不遷不貳也難　成化本爲「如今學者且理會不遷不貳便大過不貳也難」。
［九六］元秉　成化本爲「儒用」。
［九七］名易泉州人　成化本無。
［九八］曾　成化本作「會」。
［九九］顔子不貳過是　成化本無。

[一〇〇] 更　成化本作「加」。
[一〇一] 于　成化本無。
[一〇二] 成化本此下注曰：「士毅録云：『程子、張子怕後人小看了，故復説到精極處，其實則一。』」
[一〇三] 處　成化本無。
[一〇四] 這處便好看……其間説得條理　成化本爲「看程先生顔子所好何學論説得條理」。
[一〇五] 盡其心　成化本爲「終其身」。
[一〇六] 名念誠江州人　成化本無。
[一〇七] 不　成化本爲「不恁」。
[一〇八] 節　成化本無。
[一〇九] 天地儲精……其本也真而静　成化本無。
[一一〇] 過　成化本作「通」。
[一一一] 節　成化本無。
[一一二] 節　成化本無。
[一一三] 陳與叔録云真是不雜人僞静是未感　成化本無。
[一一四] 情既熾而益蕩其性鑿與孟子所謂鑿一般　成化本爲「情既熾而益蕩其性鑿矣性上如何説鑿曰性固不可鑿但人不循此理任意妄作去傷了他耳鑿與孟子所謂鑿一般」。
[一一五] 成化本此下注有「廣」。
[一一六] 所生　成化本爲「有生」。

〔一一七〕不幸死矣……未有其人也　成化本無。

〔一一八〕性情　成化本爲「性其情」。

〔一一九〕明德　成化本爲「明明德」。

〔一二〇〕成化本此下注有「南升」。

〔一二一〕程先生云　成化本無。

〔一二二〕成化本此下注有「人傑」。

〔一二三〕無　成化本爲「恐無」。

〔一二四〕也形見　成化本爲「亦形」。

〔一二五〕去正邪人　成化本爲「去治那人」。

〔一二六〕也　成化本作「亦」。

〔一二七〕也　成化本作「亦」。

〔一二八〕此條淳録成化本載於卷九十五。

〔一二九〕而　成化本無。

〔一三〇〕言　成化本作「已」。

〔一三一〕聖　成化本爲「聖人」。

〔一三二〕成化本此下注曰：「祖道録云：『貳不是一二，是長貳之「貳」。』餘同。」

〔一三三〕有　成化本作「待」。

〔一三四〕怒　成化本作「貳」。

〔一三五〕當　成化本作「當」。

〔一三六〕知　成化本作「去」。

〔一三七〕明道曰顔子短命……天地之間亦云富有也　成化本無此内容，但有注曰：「按，此條集義在先進篇章。」

〔一三八〕着　成化本作「看」。

〔一三九〕從　成化本作「是」。

〔一四〇〕成化本此下注有「人傑」。

〔一四一〕哀公問弟子孰爲好學一章　成化本無。

〔一四二〕成化本此下有「亦可」。

〔一四三〕分　成化本無。

〔一四四〕使　成化本爲「□惡」，「惡」上缺一字；萬曆本爲「使惡」。

〔一四五〕二句　成化本無。

卷三十一

［一］ 子升兄　成化本爲「子升」。
［二］ 子華使齊……益之之意　成化本爲「冉子請粟聖人不與之辨而與之益之」。
［三］ 行夫問冉子請粟曰　成化本無。
［四］ 成化本此下注有「恪」。
［五］ 成化本此下注曰：「義剛録云：『聖人於小處也區處得恁地盡，便是一以貫之處。聖人做事着地頭。』」
［六］ 子華使齊至原思爲之宰一段　成化本無。
［七］ 原思爲之宰使其禄苟有餘　成化本爲「原思之辭常禄使其苟有餘」。
［八］ 分人　成化本爲「分人與不分人」。
［九］ 原憲　成化本爲「原思」。
［一〇］ 犂牛之子騂且角章　成化本爲「子謂仲弓章」。
［一一］ 家語弟子解篇載……以德行著名也　成化本無。
［一二］ 雖　成化本作「牽」。
［一三］ 大者既立則其小者所不棄也　成化本爲「大者苟立雖小未純人所不棄也」。
［一四］ 自　成化本同，王本作「有」。

〔一五〕若不能改過……至伊川却不回互　成化本無。

〔一六〕蘇氏　成化本爲「只蘇氏」。

〔一七〕仲弓　成化本爲「仲弓之德」。

〔一八〕回也其心三月不違仁章　成化本爲「子曰回也章」。

〔一九〕天生斯人皆有是心……不違於心至於如此之久也　成化本無。

〔二〇〕須要解得那仁字親切便是不可只把做一個渾全底物事説了　成化本爲「雖看教那仁親切始得」。

〔二一〕回也三月不違仁……言至而不能久也　成化本爲「三月不違仁」。

〔二二〕便　成化本無。

〔二三〕成化本此下注有「南升」。

〔二四〕如何　成化本無。

〔二五〕祖道謨録同　成化本爲「去僞」。

〔二六〕時舉　成化本無，且此條載於卷一百十四。

〔二七〕回心　成化本無。

〔二八〕寓　成化本無。

〔二九〕回也其心三月不違仁云云　成化本無。

〔三〇〕作　成化本無。

〔三一〕賀孫　成化本作「寓」。

〔三二〕回也其心三月不違仁其餘則日月至焉而已矣　成化本無。

〔三三〕且　成化本無。

〔三四〕這　成化本無。

〔三五〕横渠云……過此幾非在我者　成化本爲「横渠云云」。

〔三六〕回也其心三月不違仁其餘則日月至焉而已矣　成化本無。

〔三七〕無　成化本作「有」。

〔三八〕此條泳録成化本無。

〔三九〕其心三月不違仁　成化本爲「三月不違」。

〔四〇〕其　成化本無。

〔四一〕顔子　成化本爲「顔淵」。

〔四二〕下　成化本無。

〔四三〕張氏内外賓主之辨　成化本爲「張子云云」。

〔四四〕成化本此下注曰：「今集注『不知其仁』章無此説。」

〔四五〕回也　成化本無。

〔四六〕元秉　成化本爲「儒用」。

〔四七〕始學之要當知三月不違與日月至焉　成化本無。

〔四八〕而後　成化本爲「以後」。

〔四九〕是内　成化本爲「是在内」。

〔五〇〕是外　成化本爲「是在外來」。

［五一］外　成化本爲「我外」。
［五二］希遜　成化本爲「謙之」。
［五三］此條卓録成化本無。
［五四］張子謂……内外賓主之辨　成化本無。
［五五］如何是　成化本無。
［五六］三月不違仁……則賓有時而入　成化本無。
［五七］仁　成化本爲「拱壽」。
［五八］三月不違仁與日月至焉而已矣　成化本無。
［五九］有　成化本無。
［六〇］如何　成化本無。
［六一］所謂三月不違仁者　成化本爲「所謂三月不違」。
［六二］己　成化本作「我」。
［六三］張子幾非在我者一句如何看　成化本爲「張子幾非在我者」。
［六四］也　成化本作「者」。
［六五］成化本此下注曰：「南升録别出。」且此下接南升録，參底本本卷「問横渠先生云……何用人力」條。
［六六］常　成化本作「當」。
［六七］便　成化本無。
［六八］此　成化本爲「此心」。

〔六九〕意義　成化本無。

〔七〇〕悦　成化本作「説」。

〔七一〕横渠言始學者……是如何　成化本爲「過此幾非在我者」。

〔七二〕是　成化本無。

〔七三〕始學之要……過此幾非在我者　成化本無。

〔七四〕我　成化本無。

〔七五〕然　成化本無。

〔七六〕横渠先生云……不審幾非在我之義是如何　成化本爲「幾非在我之義」。

〔七七〕成化本此下注有「南升」。

〔七八〕子升兄　成化本爲「子升」。

〔七九〕回也三月不違仁横渠云過此幾非在我者　成化本爲「過此幾非在我」。

〔八〇〕則　王本作「到」。

〔八一〕節　成化本無。

〔八二〕回心　成化本無。

〔八三〕節對云　成化本作「曰」。

〔八四〕節　成化本無。

〔八五〕説　成化本無。

〔八六〕者　成化本無。

[八七] 節 成化本無。
[八八] 注下 成化本無。
[八九] 節復 成化本無。
[九〇] 節 成化本無。
[九一] 成化本此下有「住」。
[九二] 横渠説 成化本無。
[九三] 還 成化本無。
[九四] 住 成化本無。
[九五] 仁 成化本無。
[九六] 此 王本作「止」。
[九七] 云 成化本作「言」。
[九八] 學者 成化本無。
[九九] 極其至焉 成化本爲「極其篤」。
[一〇〇] 成化本此下注曰：「可學。集義。」
[一〇一] 個 成化本爲「一個」。
[一〇二] 着 成化本作「看」。
[一〇三] 從 成化本作「是」。
[一〇四] 此條人傑録成化本載於卷三十。又，底本卷三十亦載此條，參卷三十。

〔一〇五〕寓　成化本無。

〔一〇六〕伊川解三月不違仁……看見不違仁　成化本爲「不違仁」。

〔一〇七〕如何　成化本無。

〔一〇八〕寓　成化本無。

〔一〇九〕自　成化本作「迺」。

〔一一〇〕寓　成化本無。

〔一一一〕子曰回也其心三月不違仁一章　成化本無。

〔一一二〕予　成化本作「與」。

〔一一三〕故　成化本作「性」。

〔一一四〕其　成化本無。

〔一一五〕未審然否　成化本作「否」。

〔一一六〕易傳曰……乃不遠復也　成化本無。

〔一一七〕仲由可使從政章　成化本爲「季康子問仲由」。

〔一一八〕寓　成化本無。

〔一一九〕季康子問仲由從政……可得而聞否　成化本爲「求之藝可得而聞否」。

〔一二〇〕成化本此下注有「寓」。

〔一二一〕季康子問仲由可使從政也與一章　成化本無。

〔一二二〕六説　成化本爲「凡六説」。

［一二三］非　成化本作「就」。

［一二四］必不　成化本爲「不必」。

［一二五］果達藝　成化本爲「果藝達」。

［一二六］謝氏曰……下文推得亦穩　成化本無。

［一二七］右　成化本無。

［一二八］伯牛有疾一章　成化本無。

［一二九］却不是專樂個貧事　成化本爲「却不是專樂個貧須知他不干貧事」。

［一三〇］樂　成化本作「學」。

［一三一］至那康節　成化本爲「至邵康節」。

［一三二］成化本此下注有「學蒙」。

［一三三］又曰　成化本無，另有「問：『曾點浴沂氣象與顔子樂底意思相近否？』曰：『顔子底較恬静，無許多事。曾點是自恁説却也好，若不已便成釋老去，所以孟子謂之狂。』」

［一三四］也　成化本作「他」。

［一三五］此條淳録成化本載於卷四十，底本卷四十則重複載入，參底本該卷「問曾點浴沂氣象……便已不是樂了」條。

［一三六］此條淳録成化本以部分内容爲注夾於義剛録中，參成化本卷三十一義剛録「叔器問顔子樂處……也是有個見成底樂」條。

［一三七］故顔子雖貧處之泰然不以貧窶而害此心之樂也　成化本無。

［一三八］至貴至富　成化本爲「至富至貴」。

［一三九］黄直卿　成化本爲「直卿」。

［一四〇］周先生　成化本爲「周子」。

［一四一］畨　成化本爲「南升」。

［一四二］此條夔孫録成化本無，但卷三十一載義剛録與此相類，參成化本該卷「叔器問不改其樂……大段光明」條。

［一四三］道夫　成化本無。

［一四四］昔受學於周茂叔……所樂何事　成化本爲「周茂叔令尋顔子仲尼樂處所樂何事」。

［一四五］道夫　成化本無。

［一四六］盡　成化本爲「浄盡」。

［一四七］融　成化本爲「昭融」。

［一四八］私累　成化本爲「繫累」。

［一四九］爾　成化本作「了」。

［一五〇］周先生　成化本爲「周子」。

［一五一］人　成化本此上有「程子云」。

［一五二］如何　成化本爲「蓋自有其樂然求之亦甚難」。

［一五三］茫廣　成化本爲「莽廣」。

［一五四］賀孫　成化本作「寓」。

［一五五］着　成化本無。

［一五六］夫子　成化本此上有「曰」。

［一五七］不然　成化本爲「自然」。

［一五八］樂在其中矣回也不改其樂　成化本無。

［一五九］讀回也不改其樂與樂在其中矣一般　成化本爲「呈回也不改其樂與樂在其中矣一段問目」。

［一六〇］改　成化本爲「不改」。

［一六一］回也　成化本無。

［一六二］成化本此下注曰：「以下論孔顔之樂。」

［一六三］此條淳録成化本無。

［一六四］先生問胡叔器　成化本爲「問叔器」。

［一六五］對　成化本無。

［一六六］被　底本闕，據成化本補。

［一六七］你　成化本卷三十一同，但卷一百二十無。

［一六八］將次思量得人成病……何處討這樂處　成化本卷三十一爲「今却去索之於杳冥無朕之際你去何處討將次思量得人成病」。成化本卷一百二十爲「今却索之於杳冥無朕之際去何處討這樂處將次思量得成病」。

［一六九］你　成化本無。

［一七〇］你　成化本無。

［一七一］後　成化本卷三十一同，但卷一百二十無。

［一七二］你而　成化本卷三十一同，但卷一百二十無。

［一七三］常　成化本卷三十一同，卷一百二十爲「常常」。

［一七四］則　成化本卷三十一同，但卷一百二十無。

［一七五］此條祖道録成化本無，但卷三十一載𣷥録與此相類，參該卷「或問程先生不取樂道之説……自理會得方得」條。

［一七六］初八日留泗洲之驛舍蓋卿問　成化本作「問」。

［一七七］伊川曰尋常道顔子所樂者若有道可樂便不是顔子　成化本爲「伊川曰尋常道顔子所樂者何事曰不過説顔子所樂者道伊川曰若有道可樂便不是顔子」。

［一七八］蓋卿以爲　成化本無。

［一七九］顔子之言樂自默於存心　成化本爲「顔子之至樂自默存於心」。

［一八〇］以此而言，未知是否　成化本無。

［一八一］顔子樂道　成化本無。

［一八二］以道爲樂而樂之　成化本爲「而樂道」。

［一八三］如　成化本無。

［一八四］此條成化本無。

［一八五］顔子不改其樂　成化本無。

［一八六］辛　成化本無。

〔一八七〕節　成化本無。

〔一八八〕周子　成化本無。

〔一八九〕子曰賢哉回也一章　成化本無。

〔一九〇〕其　此字原缺，據成化本補。

〔一九一〕非　成化本爲「非樂」。

〔一九二〕樂　成化本作「欲」。

〔一九三〕却　成化本無。

卷三十二

［一］夫子告冉求云力不足者中道而廢今汝畫　成化本無。

［二］所謂　成化本無。

［三］志　成化本爲「而志」。

［四］冉求曰非不説子之道一章　成化本無。

［五］右　成化本無。

［六］汝爲君子儒章　成化本爲「子謂子夏曰章」。

［七］子謂子夏曰　成化本無。

［八］儒學者之稱也　成化本無。

［九］君子儒於學……故夫子以是語之　成化本爲「君子於學只欲得於己小人於學只欲見知於人」。

［一〇］成化本此下注有「南升」。

［一一］流於入　成化本爲「流入於」。

［一二］成化本此下注有「僩」。

［一三］寓　成化本無。

［一四］君子儒小人儒　成化本無。

［一五］謝　成化本爲「謝氏」。

〔一六〕成化本此下注有「集義」。

〔一七〕又問子游爲武城宰……無邪媚之惑　成化本爲「問子游爲武城宰章」。

〔一八〕成化本此下注有「南升」。

〔一九〕三字　成化本爲「三個字」。

〔二〇〕節　成化本無。

〔二一〕子游喜滅明　成化本無。

〔二二〕亦見得他不要如此若孔子之武城聞絃歌　成化本爲「亦見得他不要如此苦切孔子之武城聞絃歌」。

〔二三〕復　成化本作「服」。

〔二四〕子游爲武城宰一章……簡易正大之情可見矣　成化本爲「謝氏曰云云」。

〔二五〕孟之反不伐一章　成化本爲「此章」。

〔二六〕又問軍敗而殿其後……乃不伐也　成化本作「問」。

〔二七〕凡可以矜己誇人者自消矣此，聖人所以稱孟之反也　成化本無。

〔二八〕向人　成化本爲「向人説」。

〔二九〕成化本此下注有「南升」。

〔三〇〕受　成化本無。

〔三一〕右　成化本無。

〔三二〕集義　成化本無。

〔三三〕不有祝鮀之佞……其説可從否　成化本爲「問此章」。

〔三四〕亂　成化本作「辭」。

〔三五〕問此章伊川曰……右第十五章凡七説　成化本爲「第十五章凡七説」。

〔三六〕説　成化本爲「三説」。

〔三七〕故不録　成化本無。

〔三八〕子曰　成化本無。

〔三九〕子曰誰能出不由户一章　成化本無。

〔四〇〕右　成化本無。

〔四一〕凡史之事……然後謂之君子　成化本爲「凡史之事云云」。

〔四二〕右　成化本無。

〔四三〕范公　成化本爲「范氏」。

〔四四〕楊氏云文猶質也……與其史也寧野　成化本爲「楊氏」。

〔四五〕子曰　成化本無。

〔四六〕程明道曰……幸而免耳　成化本無。

〔四七〕節　成化本無。

〔四八〕中　成化本作「云」。

〔四九〕蓋理本直……然與死亦何異　成化本無。

〔五〇〕曼亞夫　成化本爲「亞夫」。

〔五一〕成化本此下注有「南升」。

[五二] 仁者先難而後獲　成化本爲「先難後獲」。

[五三] 此條時舉録成化本分置兩處，其中「讀人之生也直一章……便是曲了」以部分内容爲注，附於卷三十二「人之生也直……便是不直」條中；而「先難後獲只是無期必之心」則自爲一條。

[五四] 這道理　成化本無。

[五五] 順理爲直……亦幸矣　成化本爲「云云」。

[五六] 右　成化本無。

[五七] 謝氏雖誠有未盡　成化本爲「游氏雖説有未盡」。

[五八] 當從明道之説　成化本爲「當以明道之説求之」。

[五九] 及能知之又不如好之者　成化本無。

[六〇] 象　成化本作「愛」。

[六一] 雖能好之然又不如樂之者　成化本無。

[六二] 成化本引下注「南升」。

[六三] 到　成化本作「過」。

[六四] 行得盡福州境界了……建寧府自到　成化本無。

[六五] 右　成化本無。

[六六] 集義　成化本無。

[六七] 可以語上　成化本無。

[六八] 中人以上可以語上一章　成化本爲「此章」。

［六九］寓　成化本無。

［七〇］中人以上可與語上……由中人然後可以語上也　成化本作「云云」，且此下又注曰：「此説得之呂監廟所編，其説似正。不知載在何集録。」

［七一］右　成化本無。

［七二］其　成化本無。

［七三］甚　成化本無。

［七四］那　成化本無。

［七五］子　成化本無。

［七六］大凡人於所當做者　成化本爲「人於所當做者」。

［七七］樊遲問知孔子説敬鬼神而遠之可謂智矣　成化本爲「務民之義敬鬼神而遠之」。

［七八］吕氏曰當務爲急……進於知與仁之實也　成化本無。又，成化本於録尾注有「去僞」。

［七九］節　成化本無。

［八〇］又曰　成化本無。

［八一］祖道按周謨録同　成化本爲「去僞」。

［八二］此條淳録成化本無。但成化本卷三十二所載義剛録與此相類，參成化本卷三十二「問仁者先難而後獲……便是私欲曰是」條。

［八三］此條時舉録成化本載於卷四十二。

［八四］此條希遜録成化本無，但成化本卷五十二所載洽録與此相類，參底本卷五十二「問必有事焉而勿

正……與其意而失之耳」條。

［八五］對云　成化本作「曰」。

［八六］要　成化本無。

［八七］南升云　成化本作「曰」。

［八八］成化本此下有「今人褻近鬼神，只是惑於鬼神，此之謂不知，如臧文仲居蔡。古人非不用卜筮，今乃褻瀆如此，便是不知。呂氏『當務之爲急』説得好，『不求於所難知』一句説得鶻突」。

［八九］常人　成化本此上有「或問此章，曰」。

［九〇］成化本此下有「集注」。

［九一］就　成化本作「説」。

［九二］此條淳録成化本以部分内容爲注，夾於義剛録中，參成化本卷三十二義剛録「問仁者先難而後獲……便是私欲曰是」。

［九三］胡叔器　成化本爲「叔器」。

［九四］有　成化本爲「有甚」。

［九五］此一章　成化本無。

［九六］成化本此下有「恐解『知』字太寬。問知，而告以從百姓之所宜，恐聖人告樊遲者，亦不至如是之緩。竊意『民』字不當作『百姓』字解。只伊川第二説曰『民，亦人也』，似穩。所謂『知』者，見義而爲之者也。不見義，則爲不知。『務』，如『齊不務德』之『務』。然必曰『民之義』者，己亦民也。通天下只一義耳，何人我之別！所謂『務民之義』者，與務己之義無異。孟子曰『居天下之廣居』，則亦與己之廣居無異。故伊川

謂『民亦人也』，恐有此意。若以『民』字作『百姓』字解，復以『義』字作『宜』字」。

［九七］范氏　成化本作「范」。

［九八］子曰仁者樂山章　成化本爲「知者樂水章」。

［九九］説　成化本無。

［一〇〇］真要　成化本作「直」。

［一〇一］看　成化本爲「看定」。

［一〇二］且今　成化本爲「今且」。

［一〇三］成化本此下注有「洽」。

［一〇四］仁者樂山知者樂水章　成化本爲「此章」。

［一〇五］仁似今之重厚底人智似今之靈利底人　成化本爲「仁只似而今重厚底人知似而今靈利底人」。

［一〇六］義剛録同　成化本爲「義剛録云胡問仁是指全體而言否曰聖人説仁固有淺深這個是大概説云云」

［一〇七］林正卿　成化本爲「正卿」。

［一〇八］仁者　成化本爲「仁知」。

［一〇九］是　成化本無。

［一一〇］問仁者樂山知者樂水一章舉東坡之説　成化本爲「魏問此章」。

［一一一］處當得理　成化本爲「處得當理」。

［一一二］智者淵深不測而周流無滯……各以類相合也　成化本無。

［一一三］今此言智者動仁者静……此以效言也　成化本無。

〔一一四〕成化本此下注有「南升」。

〔一一五〕者　成化本作「知」。

〔一一六〕成化本此下注曰：「儒用録云：『觀書且就當下玩索文意，不須如此牽引，反生枝蔓。』」

〔一一七〕成化本此下注曰：「儒用録云：『道理不可執着，且逐件理會。』」

〔一一八〕成化本此下注曰：「池録作『潛伏』。」

〔一一九〕此條元秉録成化本無，但部分内容與成化本人傑録所注儒用録相符，參上條。

〔一二〇〕樂　成化本爲「樂水」。

〔一二一〕須錯　成化本爲「須相錯」。

〔一二二〕成化本此下注有「集注」。

〔一二三〕看截三截却似倒　成化本爲「看這三截却倒似」。

〔一二四〕這　成化本無。

〔一二五〕這　成化本作「那」。

〔一二六〕得　成化本作「安」。

〔一二七〕成化本此下注曰：「『樂喜』、『樂於』，恐皆去聲。」

〔一二八〕則　成化本無。

〔一二九〕謂用　成化本爲「謂之用」。

〔一三〇〕名　成化本爲「名之」。

〔一三一〕一　成化本爲「其一」。

〔一三二〕數　成化本無。

〔一三三〕不可强耳　成化本爲「則不可强通耳」。

〔一三四〕此條成化本無。

卷三十三

［一］是　成化本無。
［二］毀　成化本作「壞」。
［三］益　成化本無。
［四］但　成化本無。
［五］先生因語及齊一變至於魯曰　成化本作「語及齊一變至於魯因云」。
［六］寓　成化本無。
［七］輂　成化本爲「寓集注」。
［八］先生謂……緩急之序可知矣　成化本無。
［九］敢問　成化本爲「注謂」。
［一〇］齊魯一變章注謂　成化本無。
［一一］齊變　成化本爲「變齊」。
［一二］光采　成化本爲「出光采」。
［一三］恪　成化本無。
［一四］成化本此下有「云云」。
［一五］季札　成化本作「恪」。

［一六］孰不以爲齊勝魯也……一變至於先王之道也　成化本爲「云云」。

［一七］右　成化本無。

［一八］集義　成化本無。

［一九］人　成化本作「仁」。

［二〇］問伊氏曰……亦如是而已　成化本無。

［二一］右　成化本無。

［二二］成化本此下有「一説」。

［二三］之　成化本作「氏」。

［二四］成化本此下注曰：「無答語。」

［二五］謝曰猶學者……雖義非義也　成化本無。

［二六］井有仁焉一章　成化本無。

［二七］行　成化本作「求」。

［二八］右　成化本無。

［二九］擇善而居中　成化本爲「擇中而居之」。

［三〇］成化本此下注有「大雅」。

［三一］若不如此兩不用工　成化本爲「若如此兩下用工」。

［三二］問　成化本爲「國秀問」。

［三三］各有自　成化本爲「各自有」。

〔三四〕只是　成化本爲「亦只是」。
〔三五〕這　成化本作「得」。
〔三六〕有　成化本爲「而有」。
〔三七〕博文　成化本此上有「只是『博文約禮』四字」。
〔三八〕多見　成化本爲「敬字多見多讀」。
〔三九〕敬　成化本爲「敬字」。
〔四〇〕此條成化本注有「夔孫」。
〔四一〕尚　成化本作「上」。
〔四二〕人　成化本無。
〔四三〕其　成化本無。
〔四四〕知　成化本作「之」。
〔四五〕了　成化本爲「得了」。
〔四六〕事　成化本無。
〔四七〕便　成化本作「使」。
〔四八〕伯豐　成化本爲「必大」。
〔四九〕畨　成化本無。
〔五〇〕謂　成化本爲「謂如」。
〔五一〕成化本此下有「雖是淺底」。

［五二］如梓匠輪輿只是這斧斤規矩但能斲削者　成化本爲「如梓匠輪輿但能斲削者只是這斧斤規矩」。

［五三］文蔚　成化本無。

［五四］余正叔　成化本爲「正叔」。

［五五］節　成化本無。

［五六］成化本此下注曰：「以下集注、集義。」

［五七］寓　成化本無。

［五八］成化本此下注有「寓」。

［五九］問　成化本爲「或問」。

［六〇］他　成化本無。

［六一］右　成化本無。

［六二］章　成化本作「事」。

［六三］此條賀孫録成化本無，但卷三十三所載義剛録與此相類，參成化本該卷「仕於其國……這樣處便見」條。

［六四］子見南子夫子矢之曰　成化本無。

［六五］潘子善　成化本爲「子善」。

［六六］植録略同　成化本則注曰：「南升。植録云：『先生難云：「子見南子，既所謂合於禮、由其道，夫人皆能，何止夫子爲然？」子善答云：「子見南子，無一毫冀望之心。他人則有此心矣。」曰：「看得好。」』」

［六七］成化本此下注有「謨」。

[六八] 天厭之天厭之　成化本無。
[六九] 只是　成化本無。
[七〇] 篇　成化本作「等」。
[七一] 問謝氏曰……樂天而已矣　成化本無。
[七二] 右　成化本無。
[七三] 子曰中庸之爲德也章　成化本爲「中庸之爲德章」。
[七四] 民鮮久矣　成化本無。
[七五] 一條　成化本作「章」。
[七六] 或者曰高明所以處己……又安有不及　成化本無。
[七七] 博施濟衆章　成化本爲「子貢曰如有博施於民」。
[七八] 節　成化本無。
[七九] 前日　成化本無。
[八〇] 而今人　成化本作「今日」。
[八一] 節將來合上下文推之説不通　成化本無。
[八二] 又曰　成化本無。
[八三] 猶言　成化本此前有「何事於仁」。
[八四] 成化本此下注曰：「謙之録云：『便見得意思出。』」
[八五] 此條希遜録成化本以部分内容爲注，夾於德明録中，參上條。希遜，即歐陽謙之。

［八六］寓　成化本無。

［八七］否　成化本無。

［八八］字　成化本作「看」。

［八九］着　成化本作「看」。

［九〇］之大　成化本無。

［九一］雖堯舜猶病耳　成化本爲「雖聖如堯舜猶以爲病耳」。

［九二］此條夔孫録成化本無，但卷三十三載義剛録曰：衆朋友説「博施濟衆」章。先生曰：「『仁以理言』，是個徹頭徹尾物事，如一元之氣。『聖以地言』，也不是離了仁而爲聖，聖只是行仁到那極處。仁便是這理，聖便是充這理到極處，不是仁上面更有個聖。而今有三等：有聖人，有賢人，有衆人。仁是通上下而言，有聖人之仁，有賢人之仁，有衆人之仁，所以言『通乎上下』。『仁』字直，『聖』字横。『博施濟衆』，是做到極處，功用如此。」義剛言：「此章也是三節：前面説仁之功用，中間説仁之體，後面説仁之方。」曰：「是如此。『己欲立而立人，己欲達而達人』，仁者之存心常如此，便未『博施濟衆』時，這物事也自在裏面。」叔器問：「此兩句也是帶下面説否？」曰：「此是兩截。如黄毅然適間説是三節，極是。『夫仁者』，分明是唤起説。『己欲立而立人，己欲達而達人』，是仁者能如此。若是能近取譬，則可以爲仁之方。子貢也是意思高遠，見得恁地，却不知剗地尋不着。」

［九三］仁聖之分　成化本無。

［九四］鄭子上　成化本爲「子上」。

［九五］言　成化本無。

［九六］此處病在求遠博施濟衆仁者誠是不解做得　成化本爲「仁者誠是不解做得此處病在求之太遠」。

［九七］只從他近處做　成化本爲「只教他從近處做」。

［九八］仁　成化本爲「仁者」。

［九九］節　成化本無。

［一〇〇］節　成化本無。

［一〇一］節　成化本無。

［一〇二］成化本此下注有「集注」。

［一〇三］問如有博施於民而能濟衆一章　成化本爲「亞夫問此章」。

［一〇四］己欲立而立人己欲達而達人　成化本爲「欲立立人欲達達人」。

［一〇五］則　成化本此上有「仁」。

［一〇六］物　成化本爲「諸身」。

［一〇七］子貢曰如有博施於民云云　成化本爲「子貢問博施濟衆章」。

［一〇八］其言豈不甚明哉，學者當自玩味之　成化本無。

［一〇九］子貢問博施濟衆一段　成化本無。

［一一〇］植問云　成化本作「問」。

［一一一］安　成化本爲「安存」。

［一一二］成化本此下注有「植」。

［一一三］觀之　成化本無。

〔一一四〕成化本此下注有「淳」。
〔一一五〕此 成化本無。
〔一一六〕功 成化本無。
〔一一七〕諸 成化本無。
〔一一八〕夫仁者 成化本無。
〔一一九〕夫仁者 成化本無。
〔一二〇〕此條泳録成化本無。
〔一二一〕説 成化本作「問」。
〔一二二〕四 成化本作「春」。
〔一二三〕八 成化本作「九」。
〔一二四〕若 成化本此上有「又曰」。
〔一二五〕未知 成化本爲「問其」。
〔一二六〕趙至道 成化本爲「趙致道」。
〔一二七〕成化本此下注曰：「南升。疑與上條同聞。」按，此條成化本載於卷六，其上條爲賀孫録「今且要識得仁之意思是如何……自然明辨曰然」條。
〔一二八〕言 成化本爲「言仁」。
〔一二九〕欲 成化本爲「所欲」。
〔一三〇〕本 成化本爲「本體」。

〔一三一〕是　成化本無。
〔一三二〕即　成化本無。
〔一三三〕足見　成化本爲「足以」。
〔一三四〕方　成化本作「如」。
〔一三五〕其　成化本作「甚」。
〔一三六〕又曰　成化本爲「曰又」，「又」屬下讀。
〔一三七〕成化本此下注曰：「賜録云：『説許多話，曉得底自曉得。不曉得底，是某自説話了。』」
〔一三八〕成化本此下有「地載神氣，神氣風霆，風霆流形，庶物露生，無非教也」。
〔一三九〕便便　成化本爲「便便便」。
〔一四〇〕觀　成化本作「官」。
〔一四一〕中　成化本作「上」。
〔一四二〕識便是一實底道理　成化本爲「識得時便是一貫底道理」。
〔一四三〕略同　成化本無。
〔一四四〕合　成化本作「全」。
〔一四五〕使　成化本作「便」。
〔一四六〕成化本此下有「『仁之方不是仁之體，還是什麽物事？今且看子貢之言與夫子之言如何地。』餘同而略」。
〔一四七〕爲　成化本爲「方爲」。

〔一四八〕個　成化本無。

〔一四九〕説　成化本作「能」。

〔一五〇〕告　成化本作「結」。

〔一五一〕此條可學録成化本載於卷一百一。

〔一五二〕此言最善名狀……欲令如是觀仁　成化本爲「云云」。

〔一五三〕右　成化本無。

〔一五四〕大小　成化本爲「小大」。

〔一五五〕何以　成化本此上有「又」。

〔一五六〕九章　成化本爲「此章」。

〔一五七〕四　成化本作「兩」。

〔一五八〕成化本此下注有「集義」。

卷三十四

〔一〕一　成化本無。

〔二〕成化本此下注有「集注」。

〔三〕時　成化本無。

〔四〕則　成化本無。

〔五〕賀孫同　成化本爲「賀孫録意同」。

〔六〕問述而不作至甚矣吾衰也久矣先生曰　成化本無。

〔七〕記得　成化本無。

〔八〕而　成化本作「亦」。

〔九〕成化本此下注有「植」。

〔一〇〕一　成化本無。

〔一一〕又讀默而識之一章　成化本爲「讀默而識之章」。

〔一二〕其　成化本無。

〔一三〕此條時舉録成化本無。

〔一四〕德之不修……是吾憂也　成化本無。

〔一五〕惟是　成化本無。

〔一六〕先　成化本無。
〔一七〕方　成化本此上有「能徙義」。
〔一八〕改　成化本無。
〔一九〕成化本此下注曰：「恪録別出。」且此下接恪録「行父問德之不修一段……下面是故犯」，參此下第二條。
〔二〇〕聞義不能徙不善不能改　成化本爲「此章」。
〔二一〕此章四句是四般　成化本爲「此四句是四件事不可一衮說了」，且此下又有「下面兩句，粗看只是一件事一般」。
〔二二〕節問答並同　成化本無。
〔二三〕節　成化本無。
〔二四〕董叔重　成化本爲「叔重」。
〔二五〕成化本此下注有「節」。
〔二六〕只　成化本無。
〔二七〕不善不能改　成化本無。
〔二八〕成化本此下注有「南升」。
〔二九〕先生說　成化本無。
〔三〇〕㬻此下記却云　成化本爲「淵録云」。
〔三一〕成化本此下注曰：「植。南升録別出。」

〔三二〕者　成化本作「是」。

〔三三〕説相似　成化本無。

〔三四〕是　成化本無。

〔三五〕皆　成化本無。

〔三六〕又云　成化本作「問」。

〔三七〕一　成化本作「這」。

〔三八〕成化本此下注有「賀孫」。

〔三九〕恪　成化本無。

〔四〇〕季札　成化本作「恪」。

〔四一〕也久矣　成化本無。

〔四二〕節　成化本無。

〔四三〕淳　成化本無。

〔四四〕是　成化本爲「亦是」。

〔四五〕晝　成化本作「寢」。

〔四六〕但　成化本無。

〔四七〕成化本此下注曰：「寓録此下云：『孔子自言老矣，以周公之道不可得行，思慮亦不到此，故不復夢。甚歎其衰如此。』」

〔四八〕徐居甫云莊子謂至人無夢如何　成化本爲「居甫舉莊子言至人無夢」。

〔四九〕佛家　成化本爲「佛老家」。

〔五〇〕成化本此下注曰：「寓同。」

〔五一〕無　成化本作「不」。

〔五二〕成化本此下注有「道夫」。

〔五三〕孔子曰甚矣吾衰也久矣吾不復夢見周公　成化本無。

〔五四〕如此則是孔子未衰以前　成化本爲「此章曰孔子未衰以前」。

〔五五〕事　成化本無。

〔五六〕却　成化本無。

〔五七〕祖道謨録同　成化本爲「去僞」。

〔五八〕吾不復夢見周公　成化本無。

〔五九〕先生　成化本無。

〔六〇〕是　成化本無。

〔六一〕夜間　成化本無。

〔六二〕成化本此下注曰：「集注、集義。」

〔六三〕士　成化本無。

〔六四〕甘吉甫　成化本爲「吉甫」。

〔六五〕銖時舉録同　成化本爲「時舉」。

〔六六〕據於德者　成化本爲「據於德德者」。

［六七］忘　成化本作「失」。

［六八］志道據德　成化本爲「據於德」。

［六九］志於道　成化本無。

［七〇］成化本此下注有「植」。

［七一］問志於道……將以涵泳從容忽入于聖賢之域　成化本爲「問據以德云云」。

［七二］成化本此下注有「南升」。

［七三］成化本此下注有人傑録，底本以人傑録另作一條於此下，參下條。

［七四］猶　成化本無。

［七五］據德　成化本爲「據以德」。

［七六］志於道據於德依於仁　成化本爲「志道據德依仁」。

［七七］於　成化本作「得」。

［七八］常　成化本爲「常在」。

［七九］孝　成化本作「學」。

［八〇］惡逆　成化本爲「逆惡」，此條下同。

［八一］矣　成化本作「夫」，屬下讀。

［八二］問　成化本爲「或問」。

［八三］成化本此下注有「集注」。

［八四］時　成化本爲「臨時」。

〔八五〕底　成化本作「處」。

〔八六〕得孝之德　成化本爲「孝之理得」。

〔八七〕得弟之德　成化本爲「弟之理得」。

〔八八〕成化本此下注有「植」。

〔八九〕寓　成化本無。

〔九〇〕寓　成化本無。

〔九一〕頭　成化本作「路」。

〔九二〕裏　成化本無。

〔九三〕成化本此下注有「寓」。

〔九四〕便是自有個道理了　成化本爲「便自有這道理了」。

〔九五〕有　成化本作「在」。

〔九六〕志　成化本此上有「是夜再召淳與李丈入卧内……仁自在其中」，此部分内容底本分爲九條，分别載於卷三十六、卷四十、卷一百十五。參卷三十六淳録「孔門惟顔子曾子漆雕開……則下梢只如此而已」條，卷四十淳録「曾子與曾點父子之學……教之有序」條，卷一百十五淳録「是夜再召淳與李丈入卧内……將下面許多工夫放緩了」條及其下六條。

〔九七〕説來　成化本爲「説出來」，且此下有「又曰莊周列禦寇亦似曾點底意思……不似程先生説得穩」。而此部分内容底本分爲兩條分别載於本卷及卷一百二十五，參本卷淳録「二三子以我爲隱乎……不似程先生説得穩」條，卷一百二十五淳録「又曰莊周列禦寇……今禪學也是恁地」條。

［九八］淳　成化本爲「義剛同」，且此條載於卷一百十七。
［九九］志者　成化本此上有「『志於道，據於德，依於仁，游於藝』。先生曰」。
［一〇〇］之　成化本無。
［一〇一］不捨之之意　成化本爲「不捨之意」。
［一〇二］謝上蔡　成化本爲「上蔡」。
［一〇三］子升兄　成化本爲「子升」。
［一〇四］此章　成化本無。
［一〇五］此條夔孫録成化本以部分内容爲注夾於卷三十五義剛録中，參底本卷三十五「陳仲蔚問興於詩……今却不可得與聞矣」條。
［一〇六］無　成化本無，但卷三十四「自行束脩章」下收有一條義剛録：古人空手硬不相見。束脩是至不直錢底，羔雁是較直錢底。真宗時講筵説至此，云：「聖人教人也要錢。」
［一〇七］悱　成化本作「啓」。
［一〇八］只是有四隅　成化本爲「只是凡方者，一物皆有四隅」，且其録尾注有「植」。
［一〇九］問　成化本無。
［一一〇］是　成化本爲「最是」。
［一一一］此條賀孫録成化本載於卷六十，而底本卷六十重複載入。
［一一二］節　成化本無。
［一一三］又讀　成化本無。

〔一一四〕誠 成化本作「識」。

〔一一五〕意 成化本爲「意思」。

〔一一六〕節 成化本無。

〔一一七〕成化本此下注有「集義」。

〔一一八〕輒 成化本作「驟」。

〔一一九〕成化本此下注曰：「道夫録云：『其變也有漸。』」

〔一二〇〕録 成化本無。

〔一二一〕用之則行章 成化本爲「子謂顔淵曰章」。

〔一二二〕成化本此下有「章」。

〔一二三〕面 成化本無。

〔一二四〕又曰 成化本無。

〔一二五〕節 成化本無。

〔一二六〕此章注下 成化本無。

〔一二七〕捨之則藏是自家命恁地 成化本爲「捨之則藏非所欲捨之則藏是自家命恁地」。

〔一二八〕意思 成化本爲「思意」。

〔一二九〕得 成化本無。

〔一三〇〕一 成化本無。

〔一三一〕成化本此下注有「植」。

［一三二］此條時舉録成化本以部分内容爲注，夾於夔孫録中，參成化本該卷「問命不足道也曰……到得聖人便不消得言命」條。

［一三三］用之則行捨之則藏　成化本無。

［一三四］注云　成化本無。

［一三五］若　成化本無。

［一三六］知　成化本作「耻」。

［一三七］所　成化本無。

［一三八］不　成化本無。

［一三九］公　成化本此上有「曰」。

［一四〇］説　成化本作「流」。

［一四一］處　成化本無。

［一四二］事見東漢王符傳　成化本無。

［一四三］曰詩　成化本無。

［一四四］成化本此下注曰：「義剛録别出。」

［一四五］子路曰　成化本無。

［一四六］與事　成化本爲「與共事」。

［一四七］成化本此下注「謨」。

［一四八］此條僩録成化本無，但卷三十四載有時舉録，參該卷「亞夫問子行三軍……成非勇亦不能決

然」條。

〔一四九〕有 成化本無。

〔一五〇〕齊戰疾章無 成化本無。

〔一五一〕聞韶章 成化本爲「子在齊聞韶章」。

〔一五二〕此條人傑録成化本無。

〔一五三〕問子在齊聞韶三月不知肉味 成化本無。

〔一五四〕曰 成化本無。

〔一五五〕祖道謨録同 成化本爲「去僞」。

〔一五六〕樂 成化本無。

〔一五七〕史記云 成化本無。

〔一五八〕孔子在齊聞韶樂 成化本爲「孔子聞韶」。

〔一五九〕至於 成化本無。

〔一六〇〕然則 成化本無。

〔一六一〕而 成化本無。

〔一六二〕成化本此下注曰：「建别録見下。」且此下接壯祖録曰：吳伯英問：「『心不在焉，則食而不知其味』，是心不得其正也。然夫子聞韶，何故三月不知肉味？」曰：「也有時如此。所思之事大，而飲食不足以奪其志也。且如『發憤忘食』、『吾嘗終日不食』，皆非常事。以其所憤所思之大，自不能忘也。」

〔一六三〕子在齊聞韶何以有韶 成化本爲「齊何以有韶」。

［一六四］謂　成化本作「以」。

［一六五］不應凝滯於物　成化本爲「滯於物」。

［一六六］甚調　成化本爲「甚麽音調」。

［一六七］便有便得人如此　成化本爲「便使得人如此」。

［一六八］成化本此下注有「集義」。

［一六九］視端形聳　成化本爲「視端而形聳」。

［一七〇］時舉　成化本無。

［一七一］然　成化本無。

［一七二］之　成化本無。

［一七三］夫子爲衛君章　成化本爲「冉有曰夫子爲衛君乎章」。

［一七四］不能盡　成化本爲「不能如此詳盡」。

［一七五］聖人所謂　成化本爲「所謂賢人」。

［一七六］求仁　成化本爲「求仁而得仁」。

［一七七］且　成化本作「須」。

［一七八］淳録略同　成化本無。

［一七九］所以　成化本爲「所以知」。

［一八〇］之　成化本無。

［一八一］大　成化本爲「大段」。

［一八二］道夫　成化本無。

［一八三］立　成化本爲「不立」。

［一八四］此條人傑録成化本載於卷四十三。

［一八五］胡氏正名説……則人倫正　成化本爲「胡氏之説」。

［一八六］此正　成化本作「只」。

［一八七］合當　成化本爲「事理合」。

［一八八］輒　成化本無。

［一八九］爲之臣否　成化本無。

［一九〇］胡氏所説　成化本爲「則此説亦」。

［一九一］不　成化本爲「必不肯」。

［一九二］與它　成化本爲「先與」。

［一九三］恁地做　成化本爲「如此」。

［一九四］姚崇　成化本此上有「以」。

［一九五］之　成化本此下有「臣」。

［一九六］此條淳録成化本載於卷四十三，而底本卷四十三重複載入。

［一九七］蔬　成化本作「疏」。

［一九八］恪　成化本無。

［一九九］季札　成化本作「恪」。

〔二〇〇〕論不義而富且貴於我如浮雲　成化本作「問」。
〔二〇一〕成化本此下注有「集義」。
〔二〇二〕五十以學易章　成化本爲「加我數年章」。
〔二〇三〕而　成化本無。
〔二〇四〕希遜　成化本爲「謙之」。
〔二〇五〕鄭文振　成化本爲「文振」。
〔二〇六〕其它書則一事是一理惟是易却説得闊　成化本爲「他書一事是一理易却説得闊也」。
〔二〇七〕如已有　成化本作「有」。
〔二〇八〕是　成化本作「出」。
〔二〇九〕去　成化本無。
〔二一〇〕却就畫繫之辭　據成化本補。
〔二一一〕元初只是畫　據成化本補。
〔二一二〕有　成化本作「是」。
〔二一三〕得　成化本作「到」。
〔二一四〕以　成化本作「反」。
〔二一五〕利正　成化本無。
〔二一六〕繇　成化本無。
〔二一七〕成化本此下注有「植」。

〔二一八〕寓　成化本無。

〔二一九〕集注　成化本無。

〔二二〇〕作假我數年　成化本無。

〔二二一〕子曰加我數年……不知是否　成化本爲「問伊川前一説則大過在八索之類後一説則大過在弟子之學易者俱未有定據」。

〔二二二〕五十　成化本作「卒」。

〔二二三〕此條泳録成化本無。

〔二二四〕賀孫問子所雅言詩書執禮皆雅言也　成化本無。

〔二二五〕所　成化本作「之」。

〔二二六〕天　成化本爲「天道」。

〔二二七〕自得　成化本爲「自見得」。

〔二二八〕以執其禮　成化本爲「以執字目其禮」。

〔二二九〕成化本此下注有「集注」。

〔二三〇〕中　成化本無。

〔二三一〕成化本此下注有「集注」。

〔二三二〕成化本此下注曰：「因説胡季隨。」

〔二三三〕正卿　成化本爲「學蒙」。

〔二三四〕寓　成化本無。

〔二三五〕成化本此下注有「寓」。

〔二三六〕慢　成化本爲「甚慢」。

〔二三七〕僩録略同　成化本爲「僩録云子貢公西華亦自看得破」。參底本本卷「我非生而知之者章」下僩録「我非生而知之者……所以子貢、公西華亦自看得破」條。

〔二三八〕發憤　成化本爲「憤發」。

〔二三九〕若不　成化本爲「若自」。

〔二四〇〕天理　成化本此下有「之意」。

〔二四一〕然　成化本無。

〔二四二〕是　成化本作「能」。

〔二四三〕些子　成化本爲「些小」。

〔二四四〕知　成化本作「如」。

〔二四五〕此條僩録成化本無，但卷三十四「葉公問孔子於子路章」載人傑録，參本卷「發憤忘食……只是你趕他不上」條。

〔二四六〕大抵　成化本此上有「問横渠『仲尼憤一發而至於聖』之説。曰：『聖人緊要處自生知了。其積學者却只是零碎事，如制度文爲之類，其本領不在是。若張子之説，是聖人全靠學也』」。

〔二四七〕非生知之説　成化本爲「我非生而知之，好古敏以求之」。

〔二四八〕着　成化本作「看」。

〔二四九〕十分全滿　成化本爲「十全滿足」。

〔二五〇〕成化本此下注有「集義」，且此條必大録置於「葉公問孔子於子路章」下。
〔二五一〕伯羽　成化本無。
〔二五二〕止　成化本爲「止於」。
〔二五三〕然　成化本無。
〔二五四〕此條寓録成化本載於卷八十七，底本卷八十七亦重複載入。
〔二五五〕感　成化本作「惑」。
〔二五六〕已改　成化本無，且另注有「寓」。
〔二五七〕教　成化本作「發」。
〔二五八〕師　成化本爲「吾師」。
〔二五九〕又　成化本無。
〔二六〇〕纔　成化本此上有「曰」。
〔二六一〕伊川　成化本爲「程子」。
〔二六二〕問　成化本爲「某云」。
〔二六三〕成化本此下注有「必大」，且此條載於卷三十六，而底本卷三十六重複載入。
〔二六四〕又　成化本無。
〔二六五〕此條時舉録成化本以部分内容爲注，夾於賀孫録中。參下條。
〔二六六〕成化本此下注曰：「時舉録云：『須要看聖人如何是「無行不與二三子」處。』」
〔二六七〕二　成化本此上有「又曰」。按，成化本「又」上有「是夜再召淳與李丈入卧内……今禪學也是恁地又曰」。此部分内容成化本分爲十一條分别載於本卷、卷三十六、卷四十、卷一百十五、卷一百二十五。參本卷「志於道……看三百篇中那個事不説來」條，卷三十六淳録「孔門惟顔子曾子漆雕開……則下梢只如此而已」條，卷四十淳「曾子與曾點父子之學……教之有序」條，卷一百十五「是夜再召淳與李丈入卧内……將下面許多工夫放緩了」條及其下六條，卷一百二十五淳録「又曰莊周列禦寇……今禪學也是恁地」條。

［二六八］前　成化本無。

［二六九］絜　成化本此下注曰：「黄作『忉怛』。」

［二七〇］淳　成化本爲「義剛同」，且此條載於卷一百十七。

［二七一］曰公意以爲如何　成化本無。

［二七二］曰　成化本無。

［二七三］却　成化本無。

［二七四］爲信　成化本爲「爲信時」。

［二七五］這自是説務本主意不同　成化本爲「這自與説務本意不同」。

［二七六］子以四教文行忠信　成化本無。

［二七七］行　成化本爲「後行」。

［二七八］敢　成化本無。

［二七九］然則學而所謂　成化本無。

［二八〇］問　成化本爲「或問」。

〔二八一〕銖問　成化本爲「銖因問」。

〔二八二〕過　成化本作「惡」。

〔二八三〕恒者　成化本爲「有恒者」。

〔二八四〕最　成化本無。

〔二八五〕會　成化本無。

〔二八六〕竇叔　成化本爲「竇叔竇」。

〔二八七〕伯羽録同　成化本無。

〔二八八〕成化本此下注曰：「卓録云：『此等人不可謂有常之人矣。』」

〔二八九〕又曰　成化本無。

〔二九〇〕成化本此下注曰：「卓録云：『如有其寬、有其敬、有其哀時，即觀其深淺當否如何。今既無此，則吾復以何者而觀之！言更不可觀之矣。』」

〔二九一〕甚文字紕繆　成化本爲「若文字平平，尚可就中看好惡。若文理紕繆」。

〔二九二〕過　成化本爲「衮説過」。

〔二九三〕分别　成化本爲「分别得出」。

〔二九四〕成化本此下注曰：「卓録小異」。參底本下條卓録。

〔二九五〕此條卓録成化本以部分内容爲注，夾於賀孫録中。參上條。

〔二九六〕子釣而不綱章無　成化本無。

〔二九七〕子曰蓋有不知而作者……多見而識之　成化本無。

〔二九八〕子曰多聞……多見而識之　成化本無。

〔二九九〕緊要　成化本爲「要緊」。

〔三〇〇〕却　成化本此上有「要緊」。

〔三〇一〕成化本此下注曰：「因坐客雜記而言。」

〔三〇二〕或問多聞……其義如何　成化本爲「或問此章之義」。

〔三〇三〕又讀多聞擇其善者而從之章云　成化本無。

〔三〇四〕如子張學干禄一章　成化本爲「如學干禄章」。

〔三〇五〕此條時舉録成化本載於卷二十四，而底本卷二十四重複載入。

〔三〇六〕蓋有不知而作者　成化本爲「不知而作」。

〔三〇七〕又　成化本爲「又問」。

〔三〇八〕成化本此下注有「寓」。

〔三〇九〕夾　成化本作「來」。

〔三一〇〕賀孫　成化本無。

〔三一一〕互鄉難與言章無　成化本無。

〔三一二〕我欲仁章　成化本爲「仁遠乎哉章」。

〔三一三〕是　此字原缺，據萬曆本補。

〔三一四〕固　成化本作「故」。

〔三一五〕成化本此下注有「義剛」。

〔三一六〕話　成化本爲「一話」。

〔三一七〕成化本此下注有「植」。

〔三一八〕子曰　成化本無。

〔三一九〕躬行君子則吾未之有得　成化本無。

〔三二〇〕先生云　成化本無。

〔三二一〕又　成化本無。

〔三二二〕罪　成化本作「非」。

〔三二三〕問　成化本無。

〔三二四〕胡叔器　成化本爲「叔器」。

〔三二五〕似　成化本無。

〔三二六〕後　成化本無。

〔三二七〕又　成化本無。

〔三二八〕子　成化本無。

〔三二九〕了　成化本無。

〔三三〇〕奢則不孫章無　成化本無。

〔三三一〕無　成化本無，但於「君子坦蕩蕩章」下收有一節語録，曰：「君子坦蕩蕩，只是意誠心廣體胖耳。」

〔三三二〕胡叔器　成化本爲「叔器」。

〔三三三〕此條夔孫録成化本無。

〔三三四〕一個　成化本無。

〔三三五〕發憤忘食樂以忘憂　成化本無。

〔三三六〕成化本此下有「不是到此更用着力，只是養底工夫了。顔子工夫至到，只是少養」。

卷三十五

〔一〕寓　成化本無。
〔二〕至　成化本無。
〔三〕成化本此下注有「集義」。
〔四〕切以爲泰伯之讓……便不足爲至德　成化本無。
〔五〕個　成化本無。
〔六〕而今　成化本無。
〔七〕那　成化本無。
〔八〕自　成化本無。
〔九〕無説　成化本無。
〔一〇〕曰　成化本爲「再言」。
〔一一〕個　成化本無。
〔一二〕寓　成化本無。
〔一三〕説　成化本作「讓」。
〔一四〕成化本此下注有「寓」。
〔一五〕未必太王真有是志　成化本無。

［一六］成化本此下注有「集注」。

［一七］若　成化本此上有「曰」。

［一八］祀　成化本作「嗣」。

［一九］如此　成化本爲「都如此」。

［二〇］笑　成化本此上有「先生」。

［二一］今　成化本無。

［二二］此條時舉録成化本無。

［二三］處謙　成化本爲「明作」。

［二四］又曰　成化本作「曰」，且「曰」上有「『泰伯之心即伯夷叩馬之心，太王之心即武王孟津之心。二者「道並行而不相悖」。然聖人稱泰伯爲至德，謂武爲未盡善，亦自有抑揚。蓋泰伯、夷、齊之事，天地之常經，而太王、武王之事，古今之通義，但其間不無些子高下。若如蘇氏用三五百字罵武王非聖人，則非矣。於此二者中，須見得「道並行而不悖」處乃善。』因問：『泰伯與夷齊心同，而謂「事之難處有甚焉者」，何也』」。

［二五］此條廣録成化本無。

［二六］義剛　成化本無。

［二七］這想是義　成化本無。

［二八］樣　成化本無。

［二九］説　成化本無。

〔三〇〕仁　成化本作「義」。

〔三一〕恭而無禮則勞章　成化本無。

〔三二〕恭而無禮則勞……此説如何　成化本爲「問君子篤於親與恭謹勇直處意自别横渠説如何」。

〔三三〕淳録同　成化本爲「集注」。

〔三四〕君子篤于親集注所載張子知所先後之説　成化本爲「張子之説」。

〔三五〕成化本此下注有「洽」。

〔三六〕節問　成化本無。

〔三七〕斯遠暴慢矣　成化本無。

〔三八〕成化本此下注有「集注」。

〔三九〕此條淳録成化本僅有部分内容作爲注，附於徐寓録中。成化本載曰：楊問：「『君子所貴乎道者三』，若未至此，如何用工？」曰：「只是就容貌辭色之間用工，更無別法。但上面臨時可做，下面臨時做不得，須是熟後能如此。初間未熟時，雖蜀本淳録作「須」字。是動容貌，到熟後自然遠暴慢；雖是正顔色，到熟後自然近信；雖是出辭氣，到熟後自然遠鄙倍。」此下又注曰：「淳録此下云：『辭是言語，氣是聲音，出是從這裏出去，三者是我身上事要得如此。籩豆雖是末，亦道之所在，不可不謹。然此則有司之事，我亦只理會身上事。』」

〔四〇〕楊至問同　成化本無。

〔四一〕此條淳録成化本無，但卷三十四載寓録曰：問：「『正顔色，斯近信。』如何是近於信？」曰：「近，是其中有這信，與行處不違背。多有人見於顔色自恁地，而中却不恁地者。如『色厲而内荏』、『色取仁而行違』，皆是外面有許多模樣，所存却不然，便與信遠了。只將不好底對看便見。」

〔四二〕剛志　成化本爲「剛者」。

〔四三〕寬柔　成化本爲「寬柔者」。

〔四四〕時舉録毅父問　成化本爲「時舉」。

〔四五〕成化本此下注曰：「池録作『只是隨事去持守』。」

〔四六〕成化本此下注曰：「以下總論。」

〔四七〕熟　成化本無。

〔四八〕君子　成化本此上有「此言」。

〔四九〕此條士毅録成化本無。

〔五〇〕此條力行録成化本無。

〔五一〕黄敬之問曾子有疾孟敬子問之一節　成化本爲「敬之問此章」。

〔五二〕如　成化本無。

〔五三〕成化本此下注有「植」。

〔五四〕方能　成化本爲「方能如此否」。

〔五五〕如此説也不得　成化本爲「不得」。

〔五六〕得　成化本無。

〔五七〕頭容　成化本爲「頭容直」。

〔五八〕慢　成化本作「邪」。

[五九] 發　成化本作「撥」。

[六〇] 一段　成化本無。

[六一] 先看上所貴所重者　成化本爲「先看所貴乎道者是如何這個是所貴所重者」。

[六二] 有　成化本無。

[六三] 是　成化本作「有」。

[六四] 自　成化本無。

[六五] 者　成化本無。

[六六] 希遜　成化本爲「謙之」。

[六七] 只去理會　成化本無。

[六八] 也　成化本作「之」。

[六九] 得　成化本此下有「因説：『南軒洙泗言仁編得亦未是。聖人説仁處固是仁，然不説處不成非仁。天下只有個道理，聖人説許多説話都要理會。豈可只去理會説仁處，不説仁處便掉了不管！子思做中庸大段周密不易，他思量如是。「德性」五句須是許多句方該得盡，然第一句爲主。「致廣大、極高明、温故、敦厚」，此上一截是「尊德性」事；如「道中庸、盡精微、知新、崇禮」，此下一截是「道問學」事。都要得纖悉具備，無細不盡，如何只理會一件？』或問知新之理。曰：『新是故中之事，故是舊時底，温起來以「尊德性」，然後就裏面討得新意，乃爲「道問學」。』」

[七〇] 明作　成化本無。且此條明作録底本卷九重複載入。

[七一] 君子所貴乎道者三　成化本無。

〔七二〕後今　成化本爲「從今」。

〔七三〕説　成化本無。

〔七四〕上　成化本無。

〔七五〕夫　成化本作「矣」，屬上讀。

〔七六〕驗　成化本作「效」。

〔七七〕祖道謨人傑録並同　成化本爲「去僞」。

〔七八〕明道云動容貌……籩豆之事則有司存　成化本爲「明道動容周旋中禮正顔色則不妄出辭氣正由中出」。

〔七九〕四　成化本無。

〔八〇〕成化本此下注有「植」。

〔八一〕君子所貴乎道者三云云　成化本無。

〔八二〕有色厲安能表裏如一乎　成化本爲「有色厲而内荏者色莊者色取仁而行違者苟不近實安能表裏如一乎」。

〔八三〕成化本此下注有：「寓。集義。」

〔八四〕柄　成化本無。

〔八五〕纔正顔色便自然近信　成化本無。

〔八六〕君子所貴乎道者三　成化本無。

〔八七〕驗其要　成化本爲「驗爲要」。

〔八八〕謝上蔡　成化本爲「上蔡」。

〔八九〕非不足道之末耳　成化本为「非不是道乃道之末耳」。

〔九〇〕出辭氣　成化本爲「動容貌」。

〔九一〕辭氣　成化本爲「容貌」。

〔九二〕某思量　成化本爲「某病中思量」。

〔九三〕其　成化本此上有「人之將死」。

〔九四〕就　成化本作「説」。

〔九五〕坯樣　成化本爲「坯模」。

〔九六〕便　成化本此上有「那一事」。

〔九七〕件　成化本此下有「做工夫」。

〔九八〕時舉　成化本作「舉」。

〔九九〕故　成化本此下有「人有」。

〔一〇〇〕潘子善　成化本爲「子善」。

〔一〇一〕成化本此下有亞夫與朱子對話，載曰：亞夫問：「黄叔度是何樣底人？」曰：「當時亦是衆人扛得如此，看來也只是篤厚深遠底人。若是有所見，亦須説出來。且如顔子是一個不説話底人，有個孔子説他好。若孟子，無人印證他，他自發出許多言語。豈有自孔孟之後至東漢黄叔度時，已是五六百年，若是有所見，亦須發明出來，安得言論風旨全無聞？」亞夫云：「郭林宗亦主張他。」曰：「林宗何足憑！且如元德秀在唐時也非細。及就文粹上看，他文章乃是説佛。」且成化本於録尾注有「南升」。

〔一〇二〕問　成化本爲「或問」。

〔一〇三〕若　成化本此上有「犯而不校」。

〔一〇四〕僴　成化本作「恪」。此條及以下三條，成化本皆置於「曾子曰可以託六尺之孤章」下。

〔一〇五〕恪　成化本作「僴」。

〔一〇六〕成化本此下注有「夔孫同」。

〔一〇七〕注言其才輔幼君攝國政其節至於死生之際不可奪　成化本無。

〔一〇八〕此處不知可以見得伊周事否　成化本爲「不知可見得伊周事否」。

〔一〇九〕在　成化本無。

〔一一〇〕名　成化本無。

〔一一一〕成化本此下注曰：「寓。砥録略。」

〔一一二〕只　成化本無。

〔一一三〕字　成化本無。

〔一一四〕是　成化本作「見」。

〔一一五〕大　成化本無。

〔一一六〕有　成化本無。

〔一一七〕成化本此下注曰：「專論『弘』。」

〔一一八〕問集注非弘不能勝其重　成化本無。

〔一一九〕曰　成化本無。

〔一二〇〕讀曾子曰士不可以不弘毅二章　成化本無。
〔一二一〕云　成化本無。
〔一二二〕如何勝得重任耶　成化本爲「須是容受軋捺得衆理方得」。
〔一二三〕時舉　成化本爲「謙之」。
〔一二四〕此條希遜（即歐陽謙之）録與成化本所載謙之録存在較大差異，參上條。
〔一二五〕弘毅　成化本無。
〔一二六〕私見　成化本爲「私己」。
〔一二七〕節　成化本無。
〔一二八〕士不可以不弘毅　成化本無。
〔一二九〕成化本此下注曰：「升卿。以下兼論『毅』。」
〔一三〇〕黄敬之　成化本爲「敬之」。
〔一三一〕搭　成化本作「擔」。
〔一三二〕潘録止此　成化本爲「時舉」，但所載時舉録無以下「先生又云……此便是弘」。
〔一三三〕先生又云　成化本無。
〔一三四〕時舉録略同　成化本作「植」。此條成化本卷三十五分爲兩條：「敬之問弘……却恐去前面倒了」爲時舉所録；「弘字只對隘字看……此便是弘」爲植所録。
〔一三五〕陳仲蔚　成化本爲「仲蔚」。
〔一三六〕弘　成化本作「謂」。

〔一三七〕時　成化本無。

〔一三八〕這　成化本無。

〔一三九〕重　成化本作「任」。

〔一四〇〕計　成化本作「討」。

〔一四一〕若不弘不毅便傾東倒西　成化本爲「若不弘不毅處亦易見不弘便急迫狹隘不容物只安於卑陋不毅便傾東倒西」。

〔一四二〕不能　成化本無。

〔一四三〕陳淳録同而略今附於下云　成化本爲「淳録云」。

〔一四四〕成化本此注有砥録，曰：砥録云：「居父問：『士不可不弘毅。學者合下當便弘毅，將德盛業成而後至此？』曰：『合下便當弘毅，不可一日無也。』又問：『如何得弘毅？』曰：『但只去其不弘不毅，便自然弘毅。弘毅雖難見，自家不弘不毅處却易見，常要檢點。若卑狹淺隘，不能容物，安於固陋，便是不弘。不毅處病痛更多，知理所當爲而不爲，知不善之不可爲而不去，便是不毅。』又曰：『孔子所言自渾全温厚，如曾子所言，便有孟子氣象。』」

〔一四五〕士不可以不弘毅……有守之意　成化本爲「士不可以不弘毅毅者有守之意」。

〔一四六〕聖人　成化本爲「聖道」。

〔一四七〕如論語載曾子弘毅處　成化本爲「如論語載曾子之言先一章云以能問於不能，則見曾子弘處」。

〔一四八〕便　成化本無。

〔一四九〕子曰　成化本無。

〔一五〇〕詩　成化本無。

〔一五一〕此條人傑録成化本載於卷八十。

〔一五二〕此條淳録成化本無。

〔一五三〕寓　成化本無。

〔一五四〕成於樂　成化本無。

〔一五五〕有五聲十二律云云　成化本爲「注言樂有五聲十二律云云」。

〔一五六〕成化本此下注曰：「淳録云：『不可謂樂之末。』」

〔一五七〕成化本此下注曰：「淳録云：『周旋揖遜，不可謂禮之末。若不是周旋揖遜，則爲無禮矣，何以見得禮？』」

〔一五八〕成化本此下注曰：「淳録云：『所以聽之自能「義精仁熟，和順於道德」。樂於歌舞，不是各自爲節奏。樂只是此一節奏，歌亦是此一節奏，舞亦是此一節奏。』」

〔一五九〕恁地　成化本無。

〔一六〇〕一　成化本無。

〔一六一〕家廟　成化本爲「宗廟」。

〔一六二〕成化本此下注曰：「淳録云：『直是工夫至到，方能有成。』」

〔一六三〕得　成化本無。

〔一六四〕按此條陳淳録作三條……亦不過下面詩言志歌永言數事　成化本爲「集注」。

〔一六五〕又　成化本作「而」。

〔一六六〕到得成就時　成化本爲「到成就」。

〔一六七〕興於詩立於禮成於樂一章　成化本爲「此章」。

〔一六八〕少　成化本作「小」。

〔一六九〕是　成化本無。

〔一七〇〕成化本此下注有「賀孫」。

〔一七一〕其　成化本作「如」。

〔一七二〕陳仲蔚　成化本爲「仲蔚」。

〔一七三〕成化本此下注曰：「夔孫録云：『「志」、「據」、「依」，是用力處；「興」、「立」、「成」，是成效處。』」按，此注底本另作一條載於卷三十四，參該卷「問興於詩三句……興立成是成效處」條。

〔一七四〕與　成化本作「而」。

〔一七五〕寓　成化本無。

〔一七六〕而　成化本無。

〔一七七〕理義　成化本爲「義理」。

〔一七八〕按陳淳楊道夫録同而各少異今附于下　成化本無。

〔一七九〕陳　成化本爲「淳録」。

〔一八〇〕硬　成化本作「便」。

〔一八一〕楊　成化本爲「道夫録」。

〔一八二〕可　成化本無。

［一八三］云　成化本爲「又云」。
［一八四］子曰　成化本無。
［一八五］由　成化本作「謂」。
［一八六］民可使由之不可使知之　成化本無。
［一八七］云　成化本爲「植云」。
［一八八］聖　成化本此上有「曰」。
［一八九］嘗　成化本無。
［一九〇］使喝　成化本爲「使棒使喝」。
［一九一］蓋　王本作「盍」。
［一九二］子曰　成化本無。
［一九三］子曰　成化本無。
［一九四］正卿問……不足觀也已　成化本無。
［一九五］先生曰　成化本無。
［一九六］無那何　成化本爲「無奈何」。
［一九七］他　成化本作「得」。
［一九八］使　成化本無。
［一九九］此條時舉録成化本卷三十五分爲兩條：「或問驕吝……驕之所藏」爲祖道録；「讀驕吝一段云亦是相爲先後」爲時舉録。

［二〇〇］而　成化本無。
［二〇一］他　成化本無。
［二〇二］成化本此下注曰：「池録作『相比配，相靠在這裏』。」
［二〇三］後　成化本無。
［二〇四］寓　成化本無。
［二〇五］驕吝　成化本無。
［二〇六］伊川言　成化本無。
［二〇七］克己詩　成化本爲「顯道克己詩」。
［二〇八］要　成化本無。
［二〇九］驕是氣盈……然其勢常相因　成化本無。
［二一〇］蓋　成化本無。
［二一一］先生曰　成化本無。
［二一二］子曰　成化本無。
［二一三］子曰　成化本無。
［二一四］成化本此下注曰：「恪録云：『此兩句相關。自是四事：惟篤信，故能守死；惟好學，故能善道。』」
［二一五］篤　成化本此上有「問：『「行義以達其道」，莫是所行合宜否？』曰：『志是守所達之道，道是行所求之志。隱居以求之，使其道充足。「行義」是得時得位而行其所當爲。臣之事君，行其所當爲而已，行

所當爲以達其所求之志。』又問：『如孔明可以當此否？』曰：『也是。如「伊尹耕於有莘之野而樂堯舜之道」，是「隱居以求其志」。及幡然而起，「使是君爲堯舜之君，使是民爲堯舜之民」，是「行義以達其道」。』蜚卿曰：『如漆雕開之未能自信，莫是求其志否？』曰：『所以未能信者，但以「求其志」，未説「行義以達其道」。』又曰：『須是篤信。如讀聖人之書，自朝至暮，及行事無一些是，則曰「聖人且如此説耳」，這却是不能篤信。篤信者，見得是如此，便決然如此做。孔子曰「篤信好學，守死善道」，學者須是篤信。』驤曰：『見若鹵莽便不能篤信。』曰：『是如此，須是一下頭見得是。然篤信又須好學，若』」。

［二一六］問　成化本爲「又問」。

［二一七］是　成化本作「既」。

［二一八］既　成化本作「是」。

［二一九］此條驤録成化本載於卷四十六，而底本卷四十六所載道夫録與此條部分内容相重複。

［二二〇］自此　成化本爲「此自」。

［二二一］子曰　成化本無。

［二二二］子曰　成化本無。

［二二三］亂　成化本此上有「問：『關雎之詩，得情性之正如此。學者須是「玩其辭，審其音」，而後知之。』曰：『只玩其辭便見得，若審其音也難。關雎是樂之卒章，故曰「關雎之亂」』」。

［二二四］成化本此下注有「集注」。按，此條南升録成化本載於卷二十五，而底本卷二十五重複載入，參底本該卷「問關雎之義……但今不可考耳」條。

［二二五］子曰　成化本無。

〔二二六〕曰　成化本無。

〔二二七〕切意　成化本無。

〔二二八〕子曰　成化本無。

〔二二九〕奈它　成化本爲「奈得他何」。

〔二三〇〕焘　成化本無。

〔二三一〕子曰巍巍乎舜禹之有天下章　成化本爲「巍巍乎章」。

〔二三二〕移動着　成化本爲「來移着」。

〔二三三〕如此　成化本無。

〔二三四〕不與　成化本無。

〔二三五〕間　成化本爲「間然」。

〔二三六〕他　成化本無。

〔二三七〕它　成化本無。

〔二三八〕時舉録同　成化本無。

〔二三九〕陳與叔問　成化本無。

〔二四〇〕成化本此下注有「淳」。且成化本此條及下條皆置於「大哉堯之爲君章」下。

〔二四一〕堯則天一段　成化本爲「惟堯則之一章」。

〔二四二〕此條泳録成化本無。按，據此條所論當屬「舜有臣五人章」，底本無此章。

〔二四三〕此條賀孫録成化本置「舜有臣五人章」下。

〔二四四〕是有　成化本爲「有是」。

〔二四五〕此條義剛録成化本載於卷一百三十四。

〔二四六〕成化本此條及以下五條皆置「舜有臣五人章」下。

〔二四七〕寓　成化本無。

〔二四八〕云云　成化本無。

〔二四九〕成化本此下注有「寓」。

〔二五〇〕美矣　成化本爲「矣」。

〔二五一〕祀　成化本作「嗣」。

〔二五二〕稱　成化本此上有「乃」。

〔二五三〕蘇東坡　成化本爲「東坡」。

〔二五四〕泰伯　成化本此下有「居」。

〔二五五〕子曰　成化本無。

〔二五六〕韋　成化本作「章」。

卷三十六

［一］纔　成化本作「方」。

［二］纔　成化本作「方」。

［三］營　成化本爲「營營」。

［四］或問龜山……此說似可疑　成化本爲「龜山都一般之說似可疑」。

［五］必大　成化本爲「問或曰罕言利是何等利楊氏曰一般云云」。

［六］成化本此下注有「必大」。

［七］一章　成化本無。

［八］窮達　成化本爲「窮通」。

［九］子　成化本無。

［一〇］此條寓録成化本無，但卷三十六所載淳録與此相類，參成化本該卷「問子罕言仁……只說與幾個向上底」條。

［一一］又　成化本爲「正淳問尹氏子罕一章」。

［一二］命只是窮通之命如不知命無以爲君子之命　成化本爲「尹氏命字之說誤此只是不知命無以爲君子之命」。

［一三］管　成化本無。

〔一四〕恪　成化本作「僩」。
〔一五〕正　成化本無。
〔一六〕正　成化本無。
〔一七〕僩　成化本作「恪」。
〔一八〕達巷黨人章　成化本無。
〔一九〕此條德明録成化本無。
〔二〇〕先生又説子絶四一章　成化本無。
〔二一〕即管固道是做在　成化本爲「即管固執道我做得是」。又，此條下注有「植」。
〔二二〕了　成化本無。
〔二三〕似　成化本作「是」。
〔二四〕此條寓録成化本無，但卷三十六所載淳録與此相類，參成化本該卷「徐問意必固我……分自不同」條。
〔二五〕毋意毋必毋故毋我　成化本無。
〔二六〕在　成化本作「是」。
〔二七〕己　成化本作「我」。
〔二八〕思　成化本無。
〔二九〕四者之異　成化本無。
〔三〇〕時舉　成化本無。

〔三一〕子絶四一章　成化本無。

〔三二〕又曰　成化本無。

〔三三〕成化本此下注曰：「植。集注。」

〔三四〕畓　成化本無。

〔三五〕字　成化本作「者」。

〔三六〕善　成化本爲「善底」。

〔三七〕無狀底　成化本爲「惡底」。

〔三八〕成化本此下有「直，只是『自反而縮』」。

〔三九〕成化本此下注有「集義」。

〔四〇〕聖人　成化本此上有「到」。

〔四一〕成化本此下有「若元不見得道理，只是任自家意思做將去，便是私意」。

〔四二〕仲尼絶四　成化本無。

〔四三〕子四絶曰　成化本無。

〔四四〕文　成化本作「大」。

〔四五〕以　成化本此上有「張子曰云云。或問謂此條『語意簡奥，若不可曉』。竊」。

〔四六〕此條德明録成化本無。

〔四七〕後死者不得與於斯文　成化本無。

〔四八〕文王既没　成化本無。

〔四九〕後死者不得與於斯文　成化本無。

〔五〇〕明道　成化本爲「程子」。

〔五一〕免　成化本作「脱」。

〔五二〕此條必大録底本卷三十四重複載入。

〔五三〕夫子聖者與章　成化本爲「太宰問於子貢章」。

〔五四〕植　成化本無。

〔五五〕太宰問於子貢夫子聖者歟一章　成化本無。

〔五六〕云云　成化本無。

〔五七〕藝　成化本爲「多藝」。

〔五八〕雖　成化本爲「雖是」。

〔五九〕且　成化本無。

〔六〇〕則　成化本無。

〔六一〕寓　成化本無。

〔六二〕淳録同　成化本爲「集注」。

〔六三〕都　成化本無。

〔六四〕於　成化本無。

〔六五〕子曰　成化本無。

〔六六〕此條泳録成化本無。

［六七］寓　成化本無。
［六八］我是　成化本爲「是我」。
［六九］問　成化本空缺。
［七〇］程　成化本爲「程子」。
［七一］看　成化本無。
［七二］寓同而少異今附於下云　成化本爲「寓録云」。
［七三］之　成化本無。
［七四］是　成化本作「道」。
［七五］問　成化本爲「因問」。
［七六］無　成化本此上有「所謂」。
［七七］以　成化本無。
［七八］今　成化本無。
［七九］遂　成化本作「遽」。
［八〇］耳　成化本作「矣」。
［八一］此條大雅録成化本載於卷六十四，而底本卷六十四亦重複載入。
［八二］子曰　成化本無。
［八三］唐　成化本作「康」。
［八四］子見齊衰者……必趨　成化本無。

〔八五〕者　成化本無。

〔八六〕直　成化本作「真」。

〔八七〕成化本此下注有「燾」。

〔八八〕此條道夫録成化本無。

〔八九〕寓　成化本爲「義剛」。

〔九〇〕子貢得聞一貫　成化本爲「孔門三千顔子固不須説只曾子子貢得聞一貫之誨」。

〔九一〕亦是待它多學之功到了方可以言此耳　成化本文較詳，録曰：「謂其餘人不善學固可罪。然夫子亦不叫來罵一頓教便省悟，則夫子於門人告之亦不忠矣？是夫子亦不善教人，致使宰我、冉求之徒後來狼狽也？要之，無此理。只得且待他事事理會得了，方可就上面欠闕處告語之。如子貢亦不是許多時只教他多學，使它枉做工夫，直到後來方傳以此祕妙。正是待它多學之功到了，可以言此耳」。

〔九二〕此條必大録成化本載於卷三十三，且底本卷三十三重複載入。

〔九三〕問　成化本此上有：「問『瞻之在前』四句。曰：『此段有兩重關。此處顔子非是都不曾見得。顔子已是到這裏了，比他人都不曾到。』」

〔九四〕到　成化本無。

〔九五〕畫　此字原缺，據成化本補。

〔九六〕個　成化本無。

〔九七〕只　成化本爲「只是」。

〔九八〕能　成化本此下有「所謂欲罷不能」。

〔九九〕植　成化本無，且此條載於卷一百十八。

〔一〇〇〕陳安卿　成化本爲「安卿」。

〔一〇一〕博　成化本此上有「何者爲外」。

〔一〇二〕又曰　成化本無。

〔一〇三〕至於如有所立卓爾處只欠個熟　成化本爲「夫子之教顔子只是博文約禮二事至於欲罷不能既竭吾才如有所立卓爾處只欠個熟」。

〔一〇四〕此條木之録成化本載於卷十六。

〔一〇五〕余國秀　成化本爲「國秀」。

〔一〇六〕顔子　成化本無。

〔一〇七〕是猶見　此三字原缺，據成化本補。

〔一〇八〕爾　成化本此下有「只是天理自然底不待安排。所以着力不得時，蓋爲安排着便不自然，便與他底不相似。這個『卓爾』，事事有在裏面，亦如『一以貫之』相似」。

〔一〇九〕從周壽仁録同　成化本作「佐」。

〔一一〇〕是　成化本作「得」。

〔一一一〕工　成化本此上有「粗」。

〔一一二〕在　成化本無。

〔一一三〕自　成化本爲「自然」。

〔一一四〕人　成化本作「之」。

〔一一五〕潘録同　成化本無。

〔一一六〕又　成化本爲「又只」。

〔一一七〕莫　成化本此上有「所謂違仁」。

〔一一八〕孔　成化本此上有「是夜再召淳與李丈入卧内……將下面許多工夫放緩了」，此部分内容底本另作一條載於卷一百十五，可參。

〔一一九〕既　成化本無。

〔一二〇〕崖　成化本作「捱」，下二字同。

〔一二一〕見得這　成化本爲「他見得」。

〔一二二〕睥見　成化本作「綽見得」。

〔一二三〕及　成化本此下有「覰」。

〔一二四〕已　成化本此下有「曾子父子之學自相反……不似程先生説得穩」，此部分内容底本另作十條。參卷三十四淳録「志於道……看三百篇中那個事不説來」條，卷三十四淳録「二三子以我爲隱乎……不似程先生説得穩」條，卷四十淳録「曾子與曾點父子之學自相反……教之有序」條，卷一百十五淳録「子晦之説無頭……鑿來鑿去終是鑿不着」及其下五條，卷一百二十五淳録「又曰莊周列禦寇……今禪學也是恁地」條。

〔一二五〕淳　成化本爲「義剛同」，且此條載於卷一百十七。

〔一二六〕一條　成化本作「章」。

〔一二七〕得約了　成化本爲「約禮了」。

〔一二八〕着力得　底本闕，據成化本補。

〔一二九〕將　成化本作「博」。

〔一三〇〕些　成化本爲「些小」。

〔一三一〕集解　成化本爲「集注解」。

〔一三二〕忽焉　成化本爲「忽然」。

〔一三三〕此條恪録成化本附於賀孫録後，參下條賀孫録。

〔一三四〕成化本此下附有恪録，參上條恪録。

〔一三五〕此條洽録成化本以部分内容爲注，附於卷三十六淳録尾，參該卷「問程子曰到此地位……德之盛也」條。

〔一三六〕此條寓録成化本無，但卷三十六淳録與此相類，參該卷「問程子曰到此地位……德之盛也」條。

〔一三七〕是　成化本爲「只是」。

〔一三八〕仰彌高鑽彌堅瞻在前忽在後　成化本爲「仰之彌高鑽之彌堅瞻之在前忽然在後」。

〔一三九〕又却有時……大經大法　此二十八字原脱，據底本卷二十四及成化本補。

〔一四〇〕自然　成化本無。

〔一四一〕之學　成化本無。

〔一四二〕底　成化本作「之」。

〔一四三〕之　成化本作「而」。

〔一四四〕有　成化本無。

〔一四五〕卓爾　此二字原脱，據底本卷二十四及成化本補。

〔一四六〕得　成化本無。

〔一四七〕此條廣録成化本載於卷二十四，而底本卷二十四亦重複載入。

〔一四八〕此條淳録以部分内容爲注，夾於卷三十六寓録中，參下條寓録。

〔一四九〕寓　成化本無。

〔一五〇〕成化本此下注曰：「淳録云：『明道謂：「賢看顥如此，顥煞用工夫。」』」

〔一五一〕成化本此下注有「寓」。

〔一五二〕之　成化本作「學」。

〔一五三〕博之以文　成化本爲「博學於文」。

〔一五四〕一動一舉　成化本爲「一舉一動」。

〔一五五〕成化本此下注有「集義」。

〔一五六〕或　成化本無。

〔一五七〕人傑　成化本爲「去僞」，且此條載於卷九十七，而底本卷九十七亦重複載入。

〔一五八〕此條蓋卿録成化本無。

〔一五九〕固　成化本無。

〔一六〇〕那　成化本無。

〔一六一〕顔淵　成化本爲「顔子」。

〔一六二〕焉　成化本作「然」。

［一六三］密　成化本此下有「無些滲漏」。

［一六四］此條淳録成化本載於卷六十三。

［一六五］安　成化本此下注曰：「人傑録云：『若曰「求得聖人之中道」，如何？』」

［一六六］佳　成化本爲「亦佳」。

［一六七］此條僩録成化本載於卷六十三。

［一六八］此條人傑録成化本以部分内容爲注，夾於僩録中，參上條。

［一六九］子路使門人爲臣章　成化本爲「子疾病章」。

［一七〇］也久矣哉　成化本無。

［一七一］㽕　成化本無。

［一七二］成化本此下注曰：「饒本作『子路平日强其所不知以爲知，故不以出公爲非』。」

［一七三］有美玉於斯章　成化本爲「子貢曰有美玉章」。

［一七四］見未得　成化本爲「未見得」。

［一七五］却　成化本無。

［一七六］子曰吾自衛反魯章無　成化本無。

［一七七］子曰　成化本無。

［一七八］問　成化本爲「鄭問」。

［一七九］之語　成化本無。

［一八〇］之心　成化本無。

［一八一］仁之至精義之至熟　成化本爲「仁之至熟義之至精」。

［一八二］卓　成化本爲「賀孫」。

［一八三］祖道謨録同　成化本爲「去僞」，且此下又注曰：「集注今有定説。」

［一八四］此條必大録與成化本存在較大差異，其載曰：正淳問：「『出則事公卿』一段，及范氏以『燕而不亂』爲『不爲酒困』，如何？」曰：「此説本卑，非有甚高之行，然工夫却愈精密，道理却愈無窮。故曰『知崇』、『禮卑』，又曰『崇德』、『廣業』。蓋德知雖高，然踐履却只是卑則愈廣。」又曰：「『德言盛，禮言恭，謙也者，致恭以存其位者也。』此章之義似説得極低，然其實則説得極重。范氏似以『不爲酒困』爲不足道，故以燕飲不亂當之，過於深矣。」

［一八五］此條成化本無，但卷三十四載必大録與此相類，參該卷「問何有於我哉……故夫子因有是言也」條。

［一八六］夫　成化本作「曰」，屬下讀。

［一八七］曰是　成化本作「處」，屬上讀。又，成化本此條下注有「植」。

［一八八］子在川上之嘆　成化本無。

［一八九］字　成化本爲「體字」。

［一九〇］道體　成化本爲「道之體」。

［一九一］子在川上　成化本無。

［一九二］伊川曰此道體也……皆與道爲體　成化本爲「伊川曰此道體也天運而不已至皆與道爲體如何」。

［一九三］此　成化本此上有「曰：『「形而上者謂之道，形而下者謂之器」，道本無體』」。

［一九四］日往則月來……皆與道爲體　成化本爲「日往則月來至皆與道爲體」。
［一九五］成化本此下注曰：「寓録云：『日往月來，寒往暑來，水流不息，物生不窮不是道。』」
［一九六］録　成化本無。
［一九七］逝者如斯夫　成化本無。
［一九八］李公晦　成化本爲「公晦」。
［一九九］下　成化本無。
［二〇〇］逝者如斯夫不舍晝夜　成化本無。
［二〇一］集注云　成化本無。
［二〇二］成化本此下注曰：「祖道録别出」，且下條爲祖道録。參本卷祖道録「或問子在川上……公此説却是」條。
［二〇三］周元興問與道爲體此體字如何　成化本爲「周元興問與道爲體曰天地日月陰陽寒暑皆與道爲體又問此體字如何」。
［二〇四］見　成化本此下有「無體之體」。
［二〇五］董叔重　成化本爲「叔重」。
［二〇六］明道云　成化本無。
［二〇七］若有　成化本爲「若少有」。
［二〇八］去　成化本爲「流去」。
［二〇九］曰　成化本作「謂」。

〔二一〇〕元秉　成化本爲「儒用」。

〔二一一〕却　成化本無。

〔二一二〕傳者　成化本爲「儒者」。

〔二一三〕一場説話過了　成化本爲「一場話説過了」。

〔二一四〕流　成化本爲「流行」。

〔二一五〕祖道謨録同　成化本爲「去僞」。

〔二一六〕楊至之　成化本爲「至之」。

〔二一七〕成化本此下注有「寓」。

〔二一八〕子在川上曰逝者如斯夫不舍晝夜　成化本無。

〔二一九〕先生解曰　成化本爲「注云」。

〔二二〇〕此　成化本無。

〔二二一〕見得　成化本無。

〔二二二〕成化本此下注曰：「士毅録云：『此只要常常相續，不間斷了。』集注。」

〔二二三〕子曰　成化本無。

〔二二四〕楊至之　成化本爲「至之」。

〔二二五〕此　成化本此上有「好德如好色」。

〔二二六〕便　成化本無。

〔二二七〕是　成化本作「只」。

〔二二八〕成化本此下注曰：「蜀録作『林一之問』，文少異。」按，底本卷十有一條淳録與此内容極相近似，但其起首亦爲「楊至之問」。參底本卷十淳録「楊至之問好德如好色……如何合得來做一説」條。

〔二二九〕董叔重　成化本爲「叔重」。

〔二三〇〕譬如爲山章無　成化本無。

〔二三一〕子曰　成化本無。

〔二三二〕又曰　成化本作「曰」，且「曰」上有「問：『語之不惰』」。

〔二三三〕語之而不惰其回也與　成化本無。

〔二三四〕子曰惜乎吾見其進章無　成化本無。

〔二三五〕子曰苗而不秀者章　成化本爲「苗而不秀章」。

〔二三六〕子曰　成化本無。

卷三十七

[一] 懌　成化本作「繹」。

[二] 成化本此下注有「植」。

[三] 與　成化本爲「法語之言巽與之言巽」。

[四] 者　成化本無。

[五] 而其重處恰在　成化本爲「重處在」。

[六] 主中信章學而篇互見　成化本無。

[七] 不忮不求何用不臧　成化本無。

[八] 底　成化本無。

[九] 話　成化本作「語」。

[一〇] 又　成化本無。

[一一] 李相祖　成化本爲「李閎祖」。

[一二] 成化本此下注有「僩」。

[一三] 問　此字原缺，據成化本補。

[一四] 是他把來誦來　成化本無。

[一五] 然　成化本作「是」。

［一六］克己　成化本爲「克治」。

［一七］只　成化本此上有「曰」。

［一八］好　成化本爲「十分好」。

［一九］又曰　成化本無。

［二〇］了　成化本此下注曰：「何足以臧。」

［二一］此條泳録成化本無。

［二二］此條廣録成化本載於卷二十八。

［二三］歲寒然後知松柏之後彫也章無　成化本無。

［二四］此條方子録成化本以部分内容爲注，夾於卷十七恪録中，參成化本該卷「蔡行夫問仁者不憂一章……便不免有憂」條。

［二五］此條恪録成化本作爲注，附於卷十七恪録尾，參成化本該卷「蔡行夫問仁者不憂一章……便不免有憂」條。

［二六］此條文卿録成化本無。

［二七］道夫　成化本作「驤」。

［二八］或　成化本爲「或問『勇者不懼』」。

［二九］李兄閎祖曰　成化本爲「閎祖問」，且「閎」字上有一空缺。

［三〇］嫁　成化本爲「嫁笄」。

［三一］達　成化本作「通」。

［三二］勳　成化本作「動」。

［三三］布　成化本作「而」。

［三四］因云前輩言解經命字爲難……又非忠以益於君也　成化本無。

［三五］成化本此下注曰：「恪録别出。」且此下一條爲恪録，參成化本恪録「蔡行夫問仁者不憂一章……便不免有憂」條。

［三六］時舉　成化本爲「銖時舉少異」。

［三七］成化本此下注有「植」。

［三八］有　成化本此上有「問知者不惑章曰」七字。

［三九］問與後一章次序不同　成化本爲「或問仁者不憂知者不惑勇者不懼何以與前面知者不惑仁者不憂勇者不懼次序不同」。

［四〇］序　成化本無。

［四一］成化本此下注有「銖」。

［四二］成化本此下有「夫不憂、不惑、不懼」。

［四三］勇　成化本此下注曰：「人傑録云：『或曰：「勇是勇於義，或是武勇之勇？」曰：「大概統言之。如孟施舍北宮黝，皆血氣之勇。」』」

［四四］祖道謨録同　成化本爲「去僞」。

［四五］寓　成化本無。

［四六］集注　成化本此上有「知者不惑」。

［四七］個　成化本無。
［四八］個　成化本無。
［四九］個　成化本無。
［五〇］淳録同　成化本無。
［五一］要　成化本爲「要説」。
［五二］此條賀孫録成化本載於卷六十。
［五三］便　成化本爲「便須」。
［五四］成化本此下注有「植」。
［五五］星　成化本作「量」。
［五六］看　成化本作「着」。
［五七］成化本此下注有「寓」。
［五八］厚　成化本爲「本原」。
［五九］合　成化本作「到」。
［六〇］宜久　成化本作「植」。
［六一］謂　成化本無。
［六二］而　成化本無。
［六三］個　成化本無。
［六四］余正甫　成化本爲「正甫」。

［六五］未可與權　成化本無。

［六六］却　成化本無。

［六七］下得　成化本爲「下得是」。

［六八］作劇　成化本爲「則劇」。

［六九］與經　成化本爲「可與經」。

［七〇］成化本此下注曰：「僩録别出。」

［七一］田　成化本無。

［七二］則　成化本作「但」。

［七三］入　成化本作「流」。

［七四］夔孫義剛録同　成化本爲「義剛」。

［七五］然事又有到必不得已處　成化本爲「然事有必不得已處」。

［七六］只是反經　成化本無。

［七七］問經權先生曰經是已定之權權是未定之經　成化本無。

［七八］又　成化本無。

［七九］成化本此下注有：「夔孫録詳，别出。」且此下一條爲夔孫録，參成化本卷三十七「問經權……後必有曉此意者」條。

［八〇］遜　成化本此下有「『湯武放伐，此又是大底權，是所謂「反經合道」者也。』曰：『只一般，但有小大之異耳，如堯舜之禪遜是遜』」。

［八一］始得　成化本無。

［八二］以　成化本無。

［八三］自包得經與權過接處　成化本爲「自包得經與權自在經與權過接處」。

［八四］祖道周謨録同　成化本爲「去僞」。

卷三十八

［一］賀孫對曰　成化本作「曰」。

［二］然　成化本無。

［三］篇　成化本無。

［四］賀孫　成化本無。

［五］賀孫　成化本無。

［六］賀孫　成化本無。

［七］如何是恂恂　成化本無。

［八］言　成化本爲「言者」。

［九］其在　成化本無。

［一〇］成化本此下有「如何是『便便言，唯謹』」。

［一一］成化本此下注曰：「義剛録云：『看鄉黨一篇，須是想象他恂恂是如何，誾誾是如何，不可一衮看。』」

［一二］樂　成化本爲「和樂」。

［一三］賀孫　成化本無。

［一四］與下大夫言侃侃如也章　成化本無。

［一五］集注　成化本作「注」。

[一六] 得　成化本無。
[一七] 賀孫　成化本無。
[一八] 植侍坐……説左右手注云　成化本爲「植舉注云」。
[一九] 笏　王本爲「執笏」。
[二〇] 只　成化本無。
[二一] 只　成化本無。
[二二] 不是　此二字原脱，據成化本及底本卷九十一補。
[二三] 此條明作録成化本載於卷九十一。又，底本卷九十一重複載入。
[二四] 於鄰國之禮　成化本無。
[二五] 成化本此下有「故如揖」。
[二六] 意　成化本無。
[二七] 謹　成化本作「紓」。
[二八] 云及享發氣滿容　成化本無。
[二九] 只是而今深底雅青様色　成化本爲「是而今深底鴉青色」。
[三〇] 此條泳録成化本無。
[三一] 植　成化本無。
[三二] 成化本此下注曰：「見玉藻注。」
[三三] 有　成化本作「而」。

［三四］伯豐　成化本無。
［三五］子　成化本無。
［三六］要　成化本此下有「恁地」。
［三七］賀孫　成化本無。
［三八］一節　成化本無。
［三九］傳　成化本無。
［四〇］拜　成化本無。
［四一］賀孫　成化本無。
［四二］得　成化本作「之」。
［四三］賀孫　成化本無。
［四四］東首加朝服拖紳　成化本無。
［四五］君視之　成化本無。
［四六］賀孫　成化本無。
［四七］賀孫　成化本無。
［四八］迅雷風烈必變　成化本無。
［四九］植録同　成化本無。
［五〇］此條謨録成化本無。
［五一］此條祖道録成化本無。

卷三十九

［一］此條義剛録成化本無。

［二］違　成化本作「應」。

［三］賀孫　成化本無。

［四］還　成化本此上有「此禮樂」。

［五］禮　成化本爲「禮樂」。

［六］蓋　成化本無。

［七］賀孫　成化本無。

［八］如　成化本作「若」。

［九］賀孫　成化本無。

［一〇］多　成化本此下有「狂狷，亦是此意」。

［一一］此條人傑録成化本無。

［一二］此條謨録成化本無。

［一三］賀孫　成化本無。

［一四］從我於陳蔡一章後列四科之目　成化本無。

［一五］如　成化本無。

〔一六〕從　成化本此上有「問」。

〔一七〕嘗謂聖人之門室堂奥……可乎　成化本無。

〔一八〕而下　成化本爲「顔子而下」。

〔一九〕云　成化本無。

〔二〇〕無所不説　成化本無。

〔二一〕孝哉閔子騫章無　成化本無。

〔二二〕此條賀孫録成化本無。

〔二三〕早上　成化本爲「問目」。

〔二四〕集注　成化本此上有「『子謂南容』章」。

〔二五〕如　成化本爲「如其」。

〔二六〕此條燾録成化本載於卷二十八。

〔二七〕季康子問弟子孰爲好學章無　成化本無。

〔二八〕節　成化本無。

〔二九〕顔路請子之車　成化本無。

〔三〇〕子哭之慟章無　成化本無。

〔三一〕一　成化本無。

〔三二〕是　成化本作「盡」。

〔三三〕植録同　成化本無。

［三四］季路問事鬼神……焉知死　成化本無。
［三五］夫　成化本無。
［三六］須鬼　成化本無。
［三七］祖道謨及人傑録同　成化本爲「去僞」。
［三八］未能事人焉能事鬼未知生焉知死　成化本無。
［三九］人　成化本無。
［四〇］焉　成化本爲「焉能」。
［四一］賀孫　成化本無。
［四二］季路問事鬼神　成化本無。
［四三］伊川先生所謂　成化本爲「伊川謂」。
［四四］此　成化本無。
［四五］問　成化本爲「徐問」。
［四六］乎　成化本無。
［四七］成化本此下注曰：「今集注無。」
［四八］閔子侍側誾誾如也　成化本爲「閔子侍側章」。
［四九］諍　成化本無。
［五〇］與史記　成化本爲「漢志」。
［五一］此條泳録成化本載於卷三十八。

〔五二〕一本史記作漢志　成化本無。
〔五三〕漢　成化本爲「漢書」。
〔五四〕誾誾侃侃緘默邪心非社稷之福　成化本爲「其中有云誾誾侃侃得禮之容緘嘿邪心非朝廷福」。
〔五五〕此條泳録成化本載於卷三十八。
〔五六〕二本事字……得禮之容　成化本無。
〔五七〕賀孫　成化本無。
〔五八〕個　成化本無。
〔五九〕也　成化本無。
〔六〇〕雉　成化本作「稚」。
〔六一〕賜　成化本爲「夔孫」。
〔六二〕面　成化本無。
〔六三〕不在　成化本爲「全不」。
〔六四〕去　成化本無。
〔六五〕成化本此下注有「廣」。
〔六六〕閔子侍側……侃侃如也　成化本爲「誾誾行行侃侃」。
〔六七〕而　成化本無。
〔六八〕此條道夫録成化本無，但卷四十三所載寓録與此相類，参成化本該卷「楊問注謂言不順……仕衛便不是曰然」條。

［六九］出公輒何如主　成化本爲「出公」。

［七〇］成化本此下注曰：「饒本作『到此只得死』。」

［七一］嗚　成化本此上有「但不如」。

［七二］來　成化本作「之」。

［七三］魯人爲長府章無　成化本無。

［七四］由之瑟章無　成化本無。

［七五］師與商也孰賢章　成化本爲「子貢問師與商也章」。

［七六］賀孫　成化本無。

［七七］如何　成化本無。

［七八］過則漸至兼愛……繆以千里　成化本無。

［七九］賀孫　成化本無。

［八〇］求也爲之聚斂　成化本無。

［八一］向　成化本爲「一向」。

［八二］閔子騫　成化本爲「閔子」。

［八三］似　成化本作「自」。

［八四］謝氏云……又無克亂之才故也　成化本無。

［八五］其　成化本作「費」。

［八六］祝　成化本此上有「就」。

〔八七〕自後並不用此　成化本無。

〔八八〕按行了　成化本爲「要行便行了」。

〔八九〕這　成化本無。

〔九〇〕則他　成化本無。

〔九一〕直　成化本作「真」。

〔九二〕略　成化本無。

〔九三〕於此　成化本無。

〔九四〕於　成化本無。

〔九五〕回也其庶乎　成化本無。

〔九六〕諸公　成化本無。

〔九七〕之　成化本作「乏」。

〔九八〕達　成化本作「連」。

〔九九〕不可　成化本無。

〔一〇〇〕回也其庶乎……便不受命　成化本作「問」。

〔一〇一〕事　成化本無。

〔一〇二〕謝曰子貢非轉販者……而未詳其説焉　成化本無。

〔一〇三〕常　成化本作「嘗」。

〔一〇四〕嗟乎　成化本無。

〔一〇五〕聞一而知二……不在諸子之後　成化本無。

〔一〇六〕夫　成化本無。

〔一〇七〕此其所以爲億則屢中……可從否　成化本無。

〔一〇八〕成化本此下注有「謨」。

〔一〇九〕子張問　成化本無。

〔一一〇〕子曰不踐迹亦不入於室　成化本無。

〔一一一〕它　成化本無。

〔一一二〕時若　成化本無。

〔一一三〕善人　成化本無。

〔一一四〕所爲　成化本無。

〔一一五〕寓　此字原缺，據成化本補。

〔一一六〕陳淳録同　成化本無。

〔一一七〕問聖人不踐迹一段　成化本爲「問不踐迹」。底本「聖」當爲「善」之誤。

〔一一八〕泳　成化本爲「謙之」。

〔一一九〕祖道謨人傑録略同　成化本爲「去僞」。

〔一二〇〕途轍　成化本爲「舊人塗轍」。

〔一二一〕不踐迹亦不入於室　成化本無。

〔一二二〕魏才仲　「魏」字原缺，據成化本補。

〔一二三〕只　成化本無。

〔一二四〕子曰論篤是與章無　成化本無。

〔一二五〕子路問聞斯行之章無　成化本無。

〔一二六〕子畏於匡……子在　成化本無。

〔一二七〕祖道去僞謨録同　成化本爲「去僞」。